Refúgio particular

Muito mais do que um ambiente feito para boas noites de sono, o quarto é um local no qual imprimimos nossa personalidade.E, por isso, é preciso ser confortável e aconchegante. Ainda que pareça simples idealizar esse cantinho tão especial, quando chega o momento de colocar em prática nossas vontades parece que as dúvidas e necessidades se multiplicam. O estilo que mais combina com você, o piso ideal, o tapete que orna com a decoração, aquele papel de parede de capa de revista, uma imensa cama bonita, armários bem divididos, o melhor ponto para instalar um espelho, a forma certa de posicionar os quadros, a iluminação direcionada... São tantos detalhes que, nem sempre, sabemos sabemos por onde começar. Para te ajudar, separamos 1001 dicas sobre quartos e closets com ideias práticas e direcionadas por inúmeros profissionais de arquitetura e designers de interior e decoração - tudo de forma dinâmica para que você possa se inspirar e planejar com calma um espaço repleto de charme e aconchego.

Um abraço,

Os Editores
redacao@editoraonline.com.br
www.revistaonline.com.br

SUMÁRIO

Qual é o seu estilo?

Já parou para pensar em quantos temas seu quarto pode seguir? Romântico, moderno, rústico, elegante... Separamos algumas dicas de como elaborar a decoração em cada um desses perfis. Venha escolher um para chamar de seu!

Projeto: Suely Aily, na Casa Clássica 2008 em São Paulo Foto: Casa Clássica 2008 (Divulgação)

← 01. Delicada
Grande destaque da composição, a cabeceira com trabalho de matelassê, da Aser Décor, foi centralizada em um painel de marcenaria. O tom verde fideliza a folhagem impressa no papel de parede floral.

← 02. Iluminar
Sobre um dos criados-mudos, o abajur coloridíssimo, da Bertolucci, quebra a seriedade do projeto.

Projeto: Figoli-Ravecca Foto: Divulgação

← 03.
Flores, cores e suavidade
As estampas florais trazem movimento ao ambiente, podendo ser empregadas em tecidos e papéis de parede. Compondo com a madeira escura, a combinação entre poltrona e banco estofado brancos cria um canto de leitura simples e feminino, sem o uso de tons intensos.

Projeto: João Braga, do Locus Brasil Arquitetos e Construção Foto: Alexandre Dotta

← 04. Puro requinte

Explore o uso de móveis de design antigo, como cômodas e criados--mudos Luis XV e XVI. Sejam de madeira natural ou com acabamento de pátina ou laca, eles são marcantes nesse tipo de ambientação. Cheio de curvas e requinte, o espelho veneziano finaliza o décor com sofisticação e charme.

Projeto: Mariane Trevelin Foto: Divulgação

↑ 05. Cores e móveis

Tons de rosa-escuro, lilás e vermelho são ótimqs apostas para esse estilo. Para preservar a leveza, móveis de cores e madeiras claras são os mais indicados.

↑ 06. Boas combinações

O enxoval mistura as tonalidades suaves à estampa florida - característica comum em quartos românticos - e orna com elegância com o papel de parede de folhagem.

→ 07. Cabeceira

Estofada e revestida por linho, a cabeceira ganha destaque na decoração de tons neutros. De design clássico, é enriquecida por tachos de tom ouro velho, que criam uma moldura sofisticada.

→ 08. Detalhes delicados

Criado-mudo espelhado, puxadores de cristal e uma composição de almofadas glamorizam o ambiente. Algumas delas são de tricô, trabalho que intensifica o romance.

Projeto: D2N Arquitetura e Interiores Foto: Divulgação

Projeto: Lana Rocha Foto: Divulgação

↑ 09. Combinação de estampas

As placas de revestimento cerâmico cobriram a parede com alto-relevo de arabescos. Listras discretas também foram bem-vindas para exaltar a atmosfera romântica.

Projeto: D2N Arquitetura e Interiores Foto: Divulgação

↑ 10. Sonho cor-de-rosa

O estilo romântico aparece entre garotas, com destaque para a cabeceira de madeira entalhada e vazada com efeito rendado.

Projeto: D2N Arquitetura e Interiores Foto: Divulgação

↑ 11. Efeito zigue-zague

Fidelizando os tons do enxoval, a estampa chevron é famosa em ambientes jovens; quando aparece em cores suaves, torna-se ainda mais feminina e atemporal.

↑ 12. Detalhes

O uso de vasos com flores e de móveis com curvas - caso da cabeceira e do criado-mudo - pontua bem o ambiente.

Projeto: Bel Urtiga Foto: Divulgação

← 13. Estilizado

Adesivos, frases de efeito, iniciais do nome: vale tudo para que o jovem se sinta em seu refúgio especial.

↑ **14.** Muito estilo!

Na marcenaria em formato de L, que inclui a bancada de estudos, as estantes iluminadas recebem livros, uma luminária descolada e uma cadeira colorida para pontuar.

Projeto: Danielle Cortez e Natália Meyer, da Meyer Cortez Arquitetura e Design Foto: Leandro Andrade

↑ **17.** Personalidade

Preservando a leveza, o papel de parede com borboletas miudinhas permitiu a inclusão de objetos decorativos de cores fortes e até uma parede inteira em tom de azul.

↑ **18.** Móvel prático

A grade parcial na bicama foi uma boa solução para garantir segurança. Na marcenaria, nichos são usados para guardar jogos e livros e os gavetões centrais ajudam na organização.

→ **15.** Brincar com cores

No lugar da plenitude do rosa, a combinação entre pink e azul proposta pela cadeira de estudos e o abajur evita um visual cansativo e traz mais modernidade ao quarto de adolescente.

→ **16.** Alegre intervenção

Um pisca-pisca de estrelas quebrou a seriedade do painel que abriga a TV e foi confeccionado com faixa de LED embutida.

Projeto: Marina Priolli e Vanessa Galuppo Foto: Divulgação

Projeto: Adriana Fontana Foto: Adriana Barbosa (Divulgação)

↑ 19. Para todos os gostos

Em casa de irmãos de sexos diferentes, a dica para manter a identidade de cada um deles, sem perder em estilo, é apostar em um enxoval de cada cor e estampa.

↑ 20. Ousadia poderosa

Apostar em um móvel colorido e numa parede que mescle tons e figuras garante um ar jovem, moderno e fácil de criar e ornar com outros itens da decoração.

↑ 21. Elementos certeiros

Peças de design, como a cadeira Eiffel, do casal Eames, agregam toque descolado de maneira simples e pontual.

↑ 22. Feito para eles

Móveis sob medida podem atender bem a demanda do dono do quarto, como bancadas de estudo, prateleiras e armários.

Projeto: GF Projetos Foto: Divulgação

← 23. Menos é mais

Ainda que o espaço tenha uma essência mais neutra e com poucas cores, pinceladas de tons mais alegres e itens que tenham significado - como a kombi amarela ou o quadro com marca de cerveja - podem garantir mais personalidade e identificação do jovem com seu quarto.

Projeto: Prado Zogbi Tobar Foto: Carla de Carvalho (Divulgação)

← 24. Inspiração romântica

Para aquelas que não deixam de lado o estilo menininha, tons de rosa, móveis brancos, decoração romântica e peças com ar provençal são o segredo do sucesso.

Projeto: Gabriel Magalhaes e Luiz Claudio Souza Arquitetos Foto: Divulgação

← 26. Flores e mais flores

A combinação é clichê, mas um vaso cor-de-rosa abrigando flores naturais é puro romance..

Projeto: Ana Ynoshida Foto: Sdiney Doll (Divulgação)

← 25. Pura arte

A mistura de estampas - mescladas, geométricas e retrô - faz de um lugar mais descontraído e receptivo. Para completar, inovar com peças como quadro-lousa imprimem mais modernidade ao dormitório.

Projeto: Figoli-Ravecca Foto: Divulgação

↑ 27. Volta ao mundo

Aquela viagem inesquecível, o último intercâmbio... Ah! São tantos os motivos para decorar seu quarto seguindo ícones de uma cidade: Londres, Paris, Nova York... Escolha as suas e deixe o espaço superdivertido e autêntico.

Projeto: Léo Shehtman Foto: Divulgação

← 28. Estante

Investir em uma área grande e bem dividida para livros é uma boa opcão para quem está em fase de estudos. Com tudo à vista e organizado, sobra até espaço para decorar com personalidade.

Projeto: Alessandra Braggion Foto: Divulgação

↑ **29.. Crie!**

Um cantinho especial para desenhar, estudar e receber as amigas. Vale apostar em cadeiras de cores dferentes e murais. Um show!

Projeto: Alessandra Braggion Foto: Divulgação

↑ **31. Juventude**

O mix de elementos criativos - desde os itens da estante até o enxoval colorido - dá o toque jovem ao projeto.

↑ **32. Futon**

Ainda que a roupa de cama apresente tonalidades vibrantes, os futons abaixo da cama são perfeitos para momentos de relax, como ler.

↑ **33. Escada**

Facilita o ir e vir de visitas ou irmãos, deixa o espaço mais organizado e bonito.

↑ **34. Tudo combina**

A mesma composição feita entre enxoval e móveis, aparece na cama e na estante, uma bela composição.

Projeto :Gabriel Magalhaes e Luiz Claudio Souza Arquitetos Foto: Divulgação

← **30. Suavidade**

Além da cor extremamente romântico, o papel de parede conta com sutis desenhos que remetem à folhagens.

Projeto: Beatriz Quinelato Foto: Divulgação

↑ **35.** Delicado

Misto perfeito entre os estilos romântico e jovem, o enxoval neutro recebe laços e pregas.

↑ **36.** Composê

Almofadas de tamanhos distintos criam uma atmosfera de conforto e bem-estar para qualquer cama.

→ **37.** Brincar de decorar

Não hesite em ambientar o quarto do seu filho com seu tema preferido. Parede, móveis, objetos.... Tudo pode entrar!

→ **38.** Só para eles

Uma sugestão sempre bacana é incluir uma prateleira de livros que os deixe expostos e como item decorativo.

Projeto: Hildebrand Silva Foto: Divulgação

↑ **39.** Eles merecem

No auge da adolescência, o quarto pode mesmo ter muita personalidade. Prateleiras e nichos podem aparecer em qualquer canto que for possível para guardar todos as lembranças, objetos especiais e importantes para o dono do espaço. Fundos coloridos, nesses nichos, dão tom mais jovial para a ambientação.

Projeto: Beatriz Quinelato Foto: Divulgação

Sóbrios e refinados

Cores neutras, móveis imponentes e uso de muita madeira imprimem elegância, requinte e charme em cada detalhe.

Projeto: Figoli-Ravecca Arquitetos Associados Foto: Divulgação

← 40. Dá-lhe madeira!

Ainda que o revestimento apareça de maneira moderna, já que cobre parede e teto, a madeira cria um clima austero e essencialmente rústico.

← 41. Sono elegante

Para completar o clima sóbrio, a cabeceira revestida de camurça marrom dá um toque campestre e chique.

Projeto: Arquitetura 8 Foto: J. Vilhora (divulgação)

↑ 42. Apelo vintage

A cadeira de madeira maciça e palha e a cômoda com minigavetas - lembrando uma armário para chás - ajudam a trazer um ar mais retrô.

→ 43. Recorra ao detalhe

Elaborar uma parte com um revestimento especial faz toda a diferença. Feita de madeira natural, a peça usa a tecnologia Semplice, um adesivo no verso para superfícies sem argamassa.

Projeto: Mosarte a Foto: Divulgação

Projeto: Diego Revollo Foto: Divulgação

← 44. Cores claras, sim!

Nem só de tons escuros se faz um ambiente rústico. Nesta casa de praia, a beliche de madeira maciça pintada de branco garante um clima sóbrio, básico e bonito.

Projeto: Liliana Zenaro Foto: Divulgação

← 45. Traços sutis

A cabeceira de madeira freijó ganha destaque no quarto, enquanto o enxoval que mescla algodão e tricô pontua o estilo proposto com classe e suavidade.

Projeto: Claudia Macedo Foto: Adriana Barbosa (divulgação)

← 48. Leveza e charme

A estrutura de madeira recebe um dossel sobre a cama também de madeira, pintada de branca. Além de romantizar o espaço, o véu cria um clima suave. Para pontuar, um banco de madeira maciça fica aos pés da cama e não deixa dúvidas quanto ao olhar rústico existente no cômodo.

Projeto: Diego Revollo Foto: Divulgação

← 46. Decorar com carinho

Apostar em detalhes delicados faz toda a diferença para esse tipo de ambiente. Vasos com flores, caixinhas de madeira, livros especiais... Tudo vale para completar a ornamentação.

← 47 Lembranças de estilo

Móveis comuns em quartos antigos, como baús e beliches, são ideais para compor o estilo campestre.

Projeto: Diego Revollo Foto: Divulgação

← 49 Toque moderno

Invista em itens que mesclam o conteporâneo e o rústico, deixando o ambiente mais inovador. Uma luminária com design divertido ou um criado-mudo com desenho descolado chama atenção sem perder a essência do tema proposto.

Projeto: Arquitetura 8 Foto: J. Vilhora (divulgação)

← 50. De olho no piso!

O famoso piso de madeira - com tábuas maiores ou na tradicional versão de tacos - é uma opção certeira para receber a decoração do cômodo, além de aquecê-lo.

← 51. Na parede

Além da cama toda feita de couro e do enxoval de tons terrosos e um pouco de lã, os quadros são outra maneira de garantir o estilo - basta escolher imagens que se adaptem bem ao perfil do quarto.

Projeto: Patricia Martinzez Foto: Divulgação

← 53. Solução bacana

Revestir toda a parede do dormitório com madeira é uma ideia sustentável e coringa para garantir um efeito rúsito à decoração. Portas de correr unem moderno ao rústico.

Projeto: Figoli-Ravecca Foto: Divulgação

← 54. Porta de entrada

A entrada do closet também pode ganhar ares mais sóbrios. Na parede que fica ao lado da porta de entrada, o revestimento com madeira natural pontuou com charme a ambientação.

← 55. Em dois

Ornar o tom e tipo de madeira do piso com a parede reforça o aspecto bucólico da decoração.

Projeto: Marcelo John Foto: Divulgação

← 52. Mix de madeiras

Cores e estilos distintos de madeira foram separados em tábuas, que aplicadas atrás da cama criaram uma cabeceira dos pés ao teto.

→ 56. Pontos revestidos

O teto de madeira faz menção a um chalé, enquanto a porta, o revestimento da parede e a moldura do espelho recebem madeira para ornar.

Projeto: Mosarte Foto: Divulgação

Projeto: Mariana Strockles e Carolina Psanskk Foto: Divulgação

← 57. Toques especiais

Para enriquecer o clima, uma boa ideia é investir em tecidos nobres, como o veludo, para compor a roupa de cama. Um bom complemento sem fugir do estilo desejado é investir em velas grandes e vasos com plantas naturais.

Projeto: Fernanda Moreira Foto: Ricardo Breda (divulgação)

← 58. Belos e delicados

No caso de manter coleções - pode ser no quarto ou closet - organizar em potes ou caixas com estilo vintage é sempre uma boa opção.

← 59. Como antigamente

As antigas cristaleiras ainda são presentes em muitas lojas e antiquários, tornando-se uma solução elegante e austera.

← 61. Toque show

Num espaço que tem teto baixo e de madeira, rodameio de mesmo material e papel de parede de folhagens pontuam com charme.

← 62. Campestre chic

Usar cores fortes e tons de verde e amarelo permite a sensação de sossego do campo, tão almejada nesse estilo.

Projeto: IBD ARquitetura e Interiores Foto: Sidney Doll (divulgação)

← 60. Mescla de estilos

Se a ideia for pontuar delicadamente o espaço - quase como uma pincelada de rusticidade - aposte numa porta toda de madeira e decore o restante do ambiente com itens mais modernos.

Projeto: Alessandra Braggion Foto: Sdiney Doll (divulgação)

← 63. Resistência

As gavetas frontais de marcenaria receberam cumaru novo, mas a bancada é de peroba de demolição. A opção garante uma estrutura mais resistente ao conjunto de 2,43 metros de extensão.

← 64. Diálogo com o passado

O piso de ladrilho hidráulico e o espelho romântico mantêm o diálogo com o passado, contrapondo com o material rústico.

Projeto: Estúdio Mosaico Foto: Divulgação

← 65. Surpresa de sucesso

Teto de madeira de tom claro não só garante uma sensação de amplitude ao dormitório como também une contemporaneidade a um perfil mais rústico.

← 66. Beleza conservada

A decoração pode carregar pontos que imprimem charme vintage e essencialmente campestre, como a cadeira.

← 67. De fininho

Se a ideia é apostar na madeira, mas com apelo mais suave, as lâminas são aposta certeira. Finas e delicadas, podem compor paredes, deques e cabeceiras.

→ 68. Por todos os lados

Portas de entrada, armários, parede e piso: tudo de madeira.

→ 69. Contemporaneidade

O contraste da madeira com o estofado cor de gelo da parede, a roupa de cama azulada e de estampas geométrica e os quadros com molduras amadeiradas asseguram o visual.

Projeto: Mariane Foto: Divulgação

Projeto: Alessandra Braggion Foto: Sidney Doll (divulgação)

← 70. Reflorestamento

O jardim vertical ganha destaque sobre a cama e em frente a um espelho, transformando a atmosfera dentro da proposta rústica. Ao redor, ganhando vezes de moldura, a parede de madeira teca de reflorestamento com iluminação indireta embutida valoriza a ideia.

Sofisticação pontual

Paredes revestidas de tecidos, lustres suntuosos, cabeceiras vistosas, móveis atemporais... O estilo que visa à elegância é permeado por itens elaborados, cores fortes e materiais e tecidos nobres.

Projeto: Biarari e Rodrigues Foto: Divulgação

← 71. Parede dos sonhos

O requinte notado na parede vem do revestimento de tecido, de cor vermelha. Para acompanhar, o enxoval faz um degradê de tons passando pelas cores cereja, cinza e branca.

← 72. Pontos de charme

De maneira discreta e não menos sofisticada, as luminárias de teto - com pequenos cristais em suas pontas - aproximam-se do criado-mudo e têm como pano de fundo o estofado da parede. Ótima maneira de aliar iluminação e decoração.

→ 73. Destaque de estilo

A cabeceira deste ambiente torna-se o destaque quando o assunto é refinamento. Feita de couro marrom, torna o espaço imponente e recebe bem as estampas das almofadas, o capitonê da peseira e o cobre das luminárias de teto.

Projeto: Figoli-Ravecca Foto: Divulgação

Projeto: Vanessa de Mani Foto: Henrique Ribeiro(divulgação)

← 74. Luxo no closet

O requinte de um quarto ganha pontos quando se estende até o closet. Com lustre de cristal e tapete felpudo, o ambiente é pontuada pelo pufe de modelo capitonê, revestido de veludo.

Projeto: Alessandra Braggion Foto: Divulgação

← 75 Detalhes elaborados

Para valorizar o espaço com elementos ricos em detalhes, caixas de madrepérola, vasos de cristal e taças - que aqui viram porta-velas - são detalhes superbacanas.

Projeto: Vanessa de Mani Foto: Henrique Ribeiro

← 76. Menos é mais

Apostar num quarto todo branco, com suaves detalhes em off-white e bege, é sofisticação garantida. O tom é leve e quando domina a decoração remete aos ambientes nórdicos e minimalistas.

Projeto: Alessandra Braggion Foto: Divulgação

← 77. Misturar

Assim como o minimalismo pode fazer bonito na decoração, o estilo mais carregado - ou kitsch - é perfeito para ambientes luxuosos. Livros, quadros, recordações de viagens, mix de estampas e texturas... Ouse e crie um espaço singular.

Projeto: Diego Revollo Foto: Divulgação

← 78. Estilo noir

A cor preta é conhecida por sua força e imponência, características necessárias para manter a elegância de um cômodo. Livros de arte, fotografias emolduradas e móveis de laca acompanham bem a tonalidade.

Projeto: Lana Rocha Foto: Divulgação

← 79. Harmonia de elementos

Como numa explosão de elegância, muitos elementos se unem aqui: cadeira com pés de acrílico, espelho estilizado, lustre de cristal, rebaixamento de gesso e parede estofada.

Projeto: Patricia Martinez Foto: Salvador Cordado (divulgação)

← 80. Doce e chique

A presença de peças delicadas e tons de rosa também pode ser parte de um quarto deste estilo. A cabeceira de madrepérola e as almofadas de pelo sintético finalizam a composição.

Projeto: KTA ARquitetura Foto: Divulgação

← 82. Linhas descoladas

Móveis com recortes e design arrojados deixam qualquer cantinho do quarto mais sofisticado.

Projeto: Patricia Martinez Foto: Salvador Cordado (divulgação)

← 81. Perfil nórdico

Itens de design são ótima pedida. Para agregar um conceito escandinavo ao espaço, aposte em madeira clara e poucas peças na decoração.

Projeto: Sesso & Dalanezi Foto: Divulgação

↑ 83. Aquecer com primor

Uma cabeceira de madeira somado ao neutro do enxoval, misto de tricô e linho, garante sobriedade e o ar de poder que um ambiente do estilo requer.

Projeto: Léo Shehtman Foto: Divulgação

← 84. Chique em cada detalhe

A semelhança das luminárias de teto com verdadeiros pingentes de joias faz do ambiente um clássico de nobreza e requinte.

Projeto: Diego Revollo Foto: Divulgação

← 85. Plena união

Apostar em cabeceiras de tons e estilos sofisticados, além de móveis de linhas retas, é certeiro para um ambiente refinado.

Projeto: Patricia Martinez

← 87. Charme ao iluminar

Abajures e arandelas ao lado da cama podem ganhar toques de modernidade, embutidos na parede e com design flexível.

Projeto: Alessandra Braggion Foto: Divulgação

← 86. Clássicos

O duo de espelho veneziano com papel de parede com estampas de arabescos é tradicional para quem deseja criar um dormitório que prima pela sofisticação.

Projeto: Rogério Cajui Foto: Divulgação

← 88. Retoque clean

Alternativa para quem acha móveis de laca branca muito básicos, recortes de vidros - por vezes, com estampa em revelo - dão toque especial às prateleiras e aos criados-mudos.

Projeto: Diego Revollo Foto: Divulgação

← 89. Bela composição

A parede de tijolinhos, quando branca, ganha pontos num quarto de decor refinado. A integração ganha mármore preto e espelhos, além de parede de cimento queimado. Tudo superchique!

Projeto: KTA Arquitetura Foto: Divulgação

← 90. Arte pontual

Apostar em obras de arte é sempre uma opção de bom gosto. Basta um item para que todo o quarto ganhe mais requinte.

← 91. Cinza sempre

A combinação da cor, seguindo um mesmo tom ou criando um degradê, é conhecida entre os amantes de um ambiente elegante.

← 92. Dormir com estilo

Cabeceira de veludo, de mesmo tom da roupa de cama, com borda de laca branca é a aposta desse quarto.

Projeto: Leo Shehtman Foto: Divulgação

← 94. Solto no ar

Aliado ao estofado da parede, o móvel de laca branca e gelo e linhas retas parece suspenso - conferindo o apelo necessário para o perfil do decor.

← 95. Detalhes finos

Abajur de base de acrílico e cúpula de linho: superchique.

← 96. Ideia chic

Monte uma composição de prata, vidro, acrílico e tecidos nobres.

Projeto: Figoli-Ravecca Foto: Divulgação

← 93. Dois em um

Para decorar discretamente um ambiente dividido por duas pessoas, use tons neutros para papel de parede e móveis. Almofadas de seda ou linho garantem refinamento.

→ 97. Apoio top

Um criado-mudo diferenciado pode ser o ponto charmoso de sua ambientação. Com pés de ferro e base de laca, o restante torna-se complemento do móvel.

Projeto: Claudia Macedo Foto: Divulgação

Projeto: Alessandra Braggion Foto: Divulgação

← 98. Herança francesa

Com móveis de base branca, a área do closet fica aberta a receber a mesma tonalidade para as portas de armários. Boiseries podem complementar, sendo um dos trabalhos mais elegantes existentes no universo da marcenaria.

Projeto: Diego Revollo Foto: Divulgação

← 99. Closet masculino

O closet sem portas fixas é garantia de requinte. Com roupas e acessórios sempre organizados, pode receber tons fortes - como o preto - para garantir imponência.

Projeto: Alessandra Braggion Foto: Divulgação

← 101. Pontuações nobres

Molduras de quadros em tons de dourados fazem belo composé com papel de parede, roupa de cama e almofadas de cor bege. Simples, chique e atemporal.

Projeto: Claudia Macedo Foto: Divulgação

← 100. Luz e estilo

As luminárias de estilo italiano, famosas por sua haste formada por bolas, criam um ambiente conceitual.

Projeto: Patricia Martinez Foto: Salvador Cordado (divulgação)

← 102. Diálogo elegante

Couro branco - como da cabeceira - e o uso de cobre - presente na base da luminária - são uma conhecida dupla de bom gosto para ambientes com apelo mais feminino.

Projeto: Mariana Strockles e Carolina Psanskke Foto: Divulgação

← 103. Ilusão de ótica

Mesclar texturas e relevos na parede são formas de criar ambientes exclusivos e complementares a um bom rebaixamento de gesso.

Projeto: Alessandra Braggion Foto: Divulgação

← 104. Sutil detalhe

Acima de livros de arte com imponentes capas duras, a lupa decorativa ganha destaque. Sua base pode ser de marfim, couro ou madrepérola.

← 105. Moda e décor

O uso de prateleiras com gancho pode permitir que lenços de seda e renda entrem na decoração.

Projeto: Noura Van Dijk Foto:Divulgação

Projeto: Meyer Cortez Foto: Sidney Doll (divulgação)

← 106. Luzes e mais luzes

Um bom projeto luminotécnico, com lâmpadas indiretas e pontuais, é ideal num quarto que atende pelo perfil refinado.

← 107. Meu museu

O uso de quadros grandes torna qualquer ambiente mais elegante e vistoso. Arte nunca é demais.

Projeto: Alessandra Braggion Foto: Divulgação

← 108. Très chic

Arandelas de estilo francês podem ser posicionadas sobre os espelhos - como nos mais refinados bistrôs da Cidade Luz. A cômoda Luís XV, modelo Bombê, finaliza a ambientação.

← 109. Espelho, espelho meu

O armário com todas as portas de espelhos, se posiconado ao meio do ambiente, garante leveza e elegância na medida.

Projeto: Alessandra Braggion Foto: Divulgação

← 110. Começar o dia

Montar um espaço destinado ao bem-estar, com uma mesa para tomar café da manhã no quarto, é superelegante e surpreende. Cadeiras de madeira, estofadas com suede ou linho, dão o ponto final.

Projeto: Alessandra Braggion Foto: Divulgação

← 112. Aquece corações

O uso de uma lareira é primordial para garantir a sensação de aconhego e conforto de um quarto grande e luxuoso.

Projeto: Vivian Coser

↑ 111. Deu branco

A cor predomina e não abre espaço para nenhum detalhe colorido. Banco com estofado capitonê e copos-de-leite naturais são pontos de destaque.

Projeto: VM Arquitetura Foto: Divulgação

↑ 113. Destaque artístico

Instalar quadros com dimensões maiores traz um nobre aspecto ao ambiente, quase como uma galeria de arte exclusivamente criada para o morador.

Feito do seu jeito

Ao unir criatividade, referências e lembranças de vida e bom gosto, o resultado é um só: um ambiente especial, feito sob medida por você. Prepare-se para aprender a criar um cantinho singular.

← 114. Cenários

Expor uma coleção, brincar com a mistura de cores fortes nos móveis e elaborar cantinhos inovadores, como o círculo acolchoado que acolhe uma criança, são maneiras de criar um cenário, neste caso, superespecial.

Projeto: Beatriz Quinelato Foto: Divulgação

↑ 115 Detalhes seus

Imprimir um pedacinho de um gosto ou hobbie - como o apreço por moda - faz de seu quarto mais acolhedor.

→ 116. Iluminar

Para emoldurar a parede, a dupla cabeceira revestida de tecido e luzes embutidas é personalidade pura.

Projeto: Meyes Cortez Foto: Divulgação

Projeto: Carlos Rossi Foto: Divulgação

← 117. Inovar o tradicional

A suspensção feita ao redor da cama, de madeira laqueada de branco, traz a ideia de um dossel sem nem mesmo recebê-lo. Feminino e cheio de estilo, o tapete em zigue-zague pontua.

Projeto: Vivian Coser Foto: Divulgação

← 118.
Estampa descontraída

A estampa de oncinha é atemporal e pode, sim, aparecer na decoração do quarto. Roupas de cama e almofadas a recebem com ar fashionista.

Projeto: Mariana Stockler e Carolina Posanske Foto: Divulgação

← 120.
Passagem integrada

Para garantir uma passagem charmosa até o closet, a porta de correr integrada ao painel do quarto garante unicidade ao projeto e estilo de sobra.

Projeto: Alessandra Braggion Foto: Divulgação

← 119..
Móvel legal

Feito sob medida, o armário com cara de casa de boneca tornou o espaço lúdico e único.

Projeto: Vivian Coser Foto: Divulgação

← 121.
Secreto sofisticado

Portas de espelho, sem puxadores, ampliam o ambiente e ainda camuflam armários e afins.

Projeto: VM Arquitetura Foto: Ricardo carvalho (divulgação)

← 122.
Sucesso garantido

Nem todo closet tem a mesma cara. Aposte em quadros, espelhos-vintage e numa cadeia bem autêntica!

Projeto: Meyer Cortez Foto: Divulgação

← 123. Show de parede

Ela ganha destaque no ambiente, cujo ar de obra de arte faz as vezes de papel, tecido ou quadro.

Projeto: Vivian Coser Foto: Divulgação

← 124. Feminino e especial

Cobrir toda a parede com estofado capitonê garante que um estilo romântico e sofisticado se instaure no ambiente.

Projeto: Fina Stampa Foto: Divulgação

← 126. Cores para descontrair

Móveis coloridos podem ornar com acessórios - e até parede! - de mesma cor. Brincar com uma paleta de cores inusitadas é pura diversão!

Projeto: Diego Revollo Foto: Divulgação

← 127. Arte e design

Referências de arte, design e literatura sempre fazem efeito na decoração personalizada. Neste criado-mudo, latinha da Pantona, livros de arte e quadros compõem a ornamentação.

→ 125. Closet ideal

A caminho da penteadeira, formar um corredor de armários traz aquele ar de "closet de cinema" que tantas mulheres sonham.

Projeto: VM Arquitetura Foto: Ricardo carvalho

Projeto: Bel Urtiga Foto: Divulgação

← 128. Suas palavras

Adesivos de frases de efeito nas paredes podem trazer mensagens especiais ou idelogias do morador ao cômodo.

Projeto: Mariana Stockler e Carolina Posanske Foto: Divulgação

← 130. Seu próprio painel

Criar um painel atrás da cama, além de trazer exclusividade ao decor, deixa de lado a tradicional cabeceira e ganha pontos num quarto de estilo moderno.

Projeto: Diego revollo Foto: Divulgação

← 131. Inovação artística

Se o seu quarto pode ser totalmente personalizado, até mesmo uma obra famosa - como a *Monalisa*, de Leonardo da Vinci - pode ser repaginada.

← 132. Só o básico

A ideia de apostar em jogos de lençóis para substituir colchas traz um ar descolado para a decoraração.

Projeto: Beatriz Alessandra Braggion Foto: Renato Rizzutti (divulgação)

← 129. Peça especial

Nada mais autêntico do que móveis sob medida. Escolha o tamanho, o desenho e o material e tenha surpresas cheias de estilo, como estantes com formas inusitadas.

→ 133. Tranquilidade do lar

Aproveitar um quarto grande para recriar cenários, como chalés, pode passar uma sensação de descanso e bem-estar sem precisar sair de casa.

Projeto: Alessandra Braggion Foto: Divulgação

Projeto: Mosarte Foto: Divulgação

← 134. Bancada-luminária

O mosaico feito de madeira natural incrementa o ambiente, que quase não precisa mais de ornamentação. Móveis de design simples e poucos itens decoram o ambiente.

↓ 135. Mais é mais legal

Revestir todas as paredes com estampas e cores intensas, dossel na cama e muito branco na decoração: kitsch pode ser oseu perfil.

Projeto: Claudia Macedo Foto: Adriana Barbosa (Divulgação)

Projeto: Mariana Stockler e Carolina Posanske Foto: Divulgação

↑ 136. Tudo junto e misturado

Ambientes multifuncionais são práticos para o dia a dia e deixam o cômodo mais completo e bonito. Penteadeira, área de TV e home-office dividem espaço com a cama.

Por onde andas?

Uma das primeiras e principais etapas ao montar um quarto é definir o piso. Levar em conta durabilidade, temperatura e custo-benefício é essencial.

Projeto: Alessandra Braggion Foto: Evelin Miller (divulgação)

← 137. Cor vibrante

Existem alguns tipos de carpetes – madeira, poliéster, lã -, mas todos eles devem ter cerdas antiderrapantes e contra ruídos. Optar por eles é ter a segurança de que o quarto sempre vai estar aquecido, até nos dias mais frios,

→ 138. Valorize

Apostar num tapete em toda a extensão do quarto pode ser uma ótima saída para quem deseja aumentar a durabilidade do piso ou, simplesmente, gosta de mudar a decoração sem ter de remover o piso antigo e fazer aquela sujeira desnecessária.

Projeto: Barbara e Vecchio Foto: Romulo Fialdini (divulgação)

Projeto: Figueiredo Fischer Arquitetos Foto: Martin Szmick (divulgação)

← 139. Tradição

Quando posicionados verticalmente, os pisos alongam ambiente. As tábuas de madeira, de formato fino, são clássicos em dormitórios e dão aquela leve sensação de acolhimento.

Projeto: Ana Maria Wey Fotos: Mônica Antunes

→ **140.** Quente e aconchegante

Elegantes, charmosos e refinados, assim são os quartos que possuem pisos de madeira. Seja cumaru, demolição, assoalhos... Todos trazem ao dormitório a sensação de conforto e bem-estar.

Projeto: Caroline Andrusko e Eliza Schuchovski - Pisso Perfectta Foto: Daniel Sorrentino (divulgação)

Projeto: Duda Senna Foto: Divulgação

↑ **141.** Fácil, fácil

Para garantir mais praticidade, o piso frio – de cerâmica ou porcelanato - é o mais indicado, já que não retém a temperatura e é de fácil limpeza.

↑ **142.** Para cobrir

É possível garantir que o quarto permaneça aquecido apenas com o uso de tapetes, que ajudam na estabilidade da temperatura e ainda deixam o ambiente mais charmoso.

↑ **143.** Louças e eletrodomésticos

A tonalidade do item pode servir de base para a decoração do ambiente. Formar um degradê, do claro para o escuro, foi a solução sóbria e sofisticada deste projeto.

↑ **144.** Pequenos truques

Escolher uma cor clara para o piso é uma ótima alternativa para quartos pequenos – ela traz uma sensação de amplitude de maneira sutil.

↑ **145.** Pinceladas de cor

Para garantir mais personalidade ao ambiente, aposte em tapetes coloridos e estampados - seu piso vai virar pano de fundo para eles.

↑ **146.** Claro e escuro

O mesmo tipo de madeira do piso, apenas um pouco mais clara, aparede como revestimento da parede do quarto.

Revestir com charme

Estampados, com textura ou simplesmente com tonalidades sóbrias, os papéis são coringas para personalizar paredes.

Projeto: Claudia Macedo Foto: Divulgação

← 147 Partindo ao meio

Para permitir que o papel ocupe toda a extensão da parede, mas com certa leveza, é uma boa ideia instalar um rodameio de tom neutro no meio dele.

← 148. Desenho

A estampa de listras verticas é uma boa medida para alongar o ambiente, além de garantir um ar moderno para a decoração.

→ 149. Sutil destaque

O papel de parede vinílico pode receber acabamento envernizado, o que traz mais brilho ao item. O desenho dos arabescos surge em alto-relevo, outra solução delicada e estilosa.

Projeto: Ana Yoshida Foto: Divulgação

Projeto: Samy e Ricky Dayan Foto: Divulgação

← 150. Tematizar

Para criar uma temática dentro do dormitório, nada como explorar estampas de acordo com o seu perfil. Os papéis floridos - em preto e branco ou em versões mais coloridas - são práticos para trazer um ar romântico e feminino ao quarto.

Projeto: Bel Urtiga Foto: Divulgação

← 151. Pequeno notável

Ainda que o espaço seja pequeno, vale apostar num papel para valorizar o cantinho. O melhor é que, quanto menor o espaço disponível, mais forte pode ser a estampa ou cor do seu papel.

Projeto: Liliana Zenar Foto: Divulgação

← 152. Único e divertido

Para os quartos destinados aos adolescentes e infantojuvenis, vale brincar mais com estampas e cores vivas. Na área de estudos da menina, explorar o universo das cartinhas e dos recados de amigas foi uma ideia de personalidade.

Projeto: Liliana Zenaro Foto: Divulgação

← 153. Suavidade

O meio ambiente e outros recursos da natureza podem ser aplicados no papel de parede, sempre bem acompanhados de materiais como crochê e tricô.

Projeto :Prado Zogbi Tobar Foto: Carla de Carvalho (divulgação)

← 154. Sensações

Harmonizar a estampa do papel com o perfil do ambiente pode garantir a ideia de conforto e bem-estar que deseja.

← 155. Dose dupla

O mesmo desenho visto no papel aparece na almofada de linho, reforçando o floral.

Projeto: Mariane Trevelin Foto: Divulgação

↑ 156. Ideia cool

Fantasiar com o universo lúdico e infantil também vale! Bichinhos da savana em meio a tons terrosos criam uma ambientação pra lá de descolada.

Projeto: Marina Priolli e Vanessa Galuppo Foto: Divulgação

← 157.
3D

O efeito de módulos coloridos traz geometria e cor ao ambiente, neste caso, para jovens irmãos.

Projeto: Mariane Trevelin Arquitetura Foto: Divulgação

← 159.
Tudo azul

Combinar o tom da parede com outros itens marcantes do quarto, como roupa de cama e cabeceira, tematiza com classe o espaço.

← 160.
Elemento pontual

Em casos de estampas ou tons de forte destaque, instalar o papel somente na metade da parede é uma boa solução.

Projeto: Claudia Macedo Foto: Adriana Barbosa (divulgação)

← 158.
Recanto especial

Criar um cantinho destinado à leitura dentro do quarto é sempre bem-vindo para deixar o ambiente mais acolhedor e funcional. Para destacá-lo da área da cama ou do closet, a sugestão é investir num papel de parede de cor e estampa intensos - para demarcar com estilo esse pedacinho.

Projeto: Marcelo John Foto: Divulgação

↑ 161. Mix sofisticado

Entre uma parede de revestimento de pedra, aplicar um papel de parede de tonalidade bem mais escura cria um cenário interessante e elegante.

Projeto: Marcelo John Foto: Divulgação

← 162. Fio de cor

Para criar um efeito dinâmico e alegre, é possível transformar o papel de parede numa simples faixa. Superbacana!

← 163. Degradê

Para destacar o detalhe feito pelo papel, vale pintar um pedaço da parede de um tom mais claro e outro de um mais escuro.

Projeto: Beatriz Quinelato Foto: Divulgação

← 164. Delicadeza

A estampa risca de giz traz sensação de tranquilidade ao dormitório, sem perder em contemporaneidade.

Projeto:Vanessa de Mani Foto: Henrique Ribeiro (divulgação)

← 165. Mistura refinada

Misturar dois papéis de cores e estampas distintas - vale apostar em liso e desenhado, como neste quarto - garante sofisticação e singularidade à ambientação.

Projeto: Beatriz Quinelato Foto: Divulgação

← 167. Ponto de energia

Criar uma moldura de gesso e iluminação de LED proporciona um cenário renovado e dá vida ao papel de parede escolhido.

← 168. Harmonia charmosa

Para ornar com graça e bom gosto, o revestimento pode seguir a mesma linha de cor e estilo da cabeceira da cama.

Projeto: Beatriz Quinelato Foto: Divulgação

← 166. Surpresa e inovação

Um dos pontos mais interessantes de usar papel de parede - principalmente suas versões coloridas e de estampas descoladas - é surpreender um espaço aparentemente monótono, como o fundo de uma bancada de trabalho.

Projeto: Samara Barbosa Foto: Divulgação

↑ 169. Ilumine tudo!

Para destacar um espaço de grande medida, a ideia é colocar o papel por todo o ambiente e investir em muitos spots.

Projeto: Beatriz Quinelato Foto: Divulgação

← 170.
Sempre ele!

Sóbrio e atemporal, o revestimento de linho em tom de areia é coringa para qualquer quarto.

Projeto: Prado Zogbi Tobar Foto: Carla de Carvalho (divulgação)

↑ 172.
Jardim só dela

Quartinhos delicados e essencialmente românticos merecem revestimentos à altura. Miniflores e não tem erro!

↑ 173.
Faça você mesmo

Outro papel, de mesmo estilo, pode servir para revestir caixas e completar a decoração.

Projeto: Samara Barbosa Foto: Divulgação

↑ 171. Retoque sutil

Se o ambiente seguir com itens de tonalidade marcante, como cortina e enxoval de mesmo padrão, tente equilibrar o ambiente com uma parede básica e neutra.

Pojeto: Leo Shehtman Foto: J.Vilhora (divulgação)

↑ 174. Dueto

Nada mais elegante e feminino do que a combinação entre cinza, rosa e branco. Para compor com suavidade, aposte no tom mais escuro e no mais claro para as paredes.

Projeto: Alessandra Braggion Foto: Divulgação

← 175. Contraste com requinte

Para quem não abre mão de paredes estampadas, mas possui um quarto já com decoração mais carregada, listras de tons suaves são sempre uma boa saída.

← 176. Classe exclusiva

Sobre o revestimento, vale inserir quadros, esculturas, espelhos... Sendo delicado, recebe os itens com graciosidade.

Muita luz!

Além de proporcionar mais conforto e charme ao quarto, a iluminação garante destaque e funcionalidade para determinadas áreas.

Projeto: Leo Shehtman Foto: J.Vilhora (divulgação)

← 177. Céu estrelado

Pela sanca de gesso feita no teto, lâmpadas de LED pontuais criam um cenário romântico e exclusivo.

← 178. Pendentes especiais

Nas laterais da cama, luminárias de teto parecem joias e imprimem uma iluminação mais direcionada para a leitura.

Projeto: Joia Bergamo Foto: Divulgação

→ 179.
Para destacar

Lâmpadas fluorescentes enaltecem a decoração das praleleiras e evidenciam fotos.

→ 180.
Pontual

Acima do painel de TV a iluminação se faz mais do que necessária.

Projeto: GF Projetos Foto: Julia Ribeiro (divulgação)

← 181.
Clássico

Nesta estante embutida de madeira natural, as lâmpadas são pequenas, mas ideais para destacar coleções e pequenos mimos.

Projeto: Meyer Cortez Foto: Divulgação

← 182.
Efeito do espelho

Pequenas lâmpadas difundidas pelo teto pontuam a iluminação e são duplicadas pelo espelho.

← 183.
Sutileza

Abaixo de cada prateleira, fios de LED permitem que se crie um efeito discreto e superfuncional.

Produção: Leo Shehtman Foto: Divulgação

↑ 185. Diferencial

A base do projeto luminotécnico deste projeto está nas sancas de gesso, 100% iluminadas e dando vida a um cenário encantador.

↑ 186. Detalhe show

Para leituras noturnas ou mesmo para que exista um cenário mais lúdico no ambientes, luminárias sobre o criado-mudo ganham pontos na ambientação.

Projeto: Érica Salguero Foto: Leandro Andrade

↑ 184. A seu favor

Instaladas por todo o quarto, as lâmpadas marcam presença mais forte na região dos armários - para destacar roupas e acessórios.

Produção: Adriana Pisciotta Foto: Alexandre Dotta

↑ 187. Do seu gosto

Criar um painel rodeado por iluminação especial faz do seu cômodo um cantinho sob medida.

↑ 188. Clareou

Móveis e enxoval clean permitem que a iluminação seja ressaltada e melhor aproveitada.

Projeto: Gorete Colaço Foto: Kitty Paranaguá (divulgação)

← 189. Pontuações de estilo

Atrás da cabeceira sempre há espaço para um iluminação descontraída e inesperada.

Projeto: Patricia Penna Foto: Divulgação

← 190.
Nada básico

Para trazer mais personalidade ao espaço, deixe que as luminárias fujam do comum e acompanhem a temática do quarto.

← 191.
Ao redor

No fundo do ambiente, ao redor de um quadro, a iluminação forma uma espéce de moldura.

Projeto: D2F Engenhariar Designer Foto: Divulgaçãp

↑ 193. Mosaico

O revestimento forma imagens assimétricas e vai até o teto levando uma iluminação original.

Projeto: Gorete Colaço Foto: Kitty Paranaguá (divulgação)

↑ 194 .Bela ideia

Dentro de nichos investir em iluminação focada é sinónimo de bom gosto e elegância.

Produção: Cynthia Pimentel Duarte Foto: Cynthia Pimentel Duarte (divulgação)

↑ 192. Foco

Ainda que a iluminação esteja por todo a extensão da cabeceira, um lustre pontual e charmoso é essencial.

Projeto: Meyer Cortez Foto: Divulgação

↑ 195. Banho de luz

Quanto mais lâmpadas, melhor. Mesmo que pequenas e bem direcionadas, o ambiente como um todo agradece.

↑ 196. Luzes em todo lug

Focos de luz espaçados pelo teto garantem claridade quase natural.

Projeto: André Martins Foto: André Martins (divulgação)

← 197. Espaço cool

investir num abajour para o criado-mudo sempre pode ganhar força e um item de design surgirá em seu ambiente.

← 198. Pense bem

Para facilitar que o aproveitamento do projeto luminotécnico seja prático e proveitoso, deixe os interruptores em locais de fácil acesso.

Sob holofotes

Um closet planejado vai além do mobiliário certo e de sua organização ideal. Para iluminar este espaço do lar, vale elaborar um bom projeto, garantindo praticidade e conforto na hora da escolha do look perfeito.

Projeto: Barbara e Purchio Foto: Romulo Fialdini (divulgação)

← 199. Por dentro

Iluminar o interior do armário facilita na hora da escolha das roupas e otimiza seu tempo.

← 200. A certa!

Lâmpadas de LED são as mais indicadas, pois fornecem a claridade necessária a esse tipo de espaço e não emitem calor. Ponto positivo para que nenhuma roupa e acessório possa estragar.

Projeto: Raduan Arquitetura Foto: Alessandro Guimarães (divulgação)

← 201. Cordões iluminados

Organização e visibilidade são palavras-chave para o espaço dos calçados. Para ajudar na missão de iluminar na medida, fitas ou cordas de LED dão um show de estilo e deixam tudo mais visível.

Projeto: Ana Lucia Salama e Gerson Dutra Sa Foto: Divulgação

← 202. Por completo

Trilhos eletrificados com vários spots embutidos são uma ótima pedida para quem deseja iluminar de uma maneira uniforme todo o closet, além de trazer um ar despojado ao espaço.

Projeto: Christiane Sacco – closet Ornare Foto: Divulgação

↑ 205. Pequenino

Se o closet tem metragem reduzida, é possível utilizar uma quantidade menor de lâmpadas e rebaixar uma parte do teto.

↑ 206. Para um lado só

Direcionar a iluminação de todo o ambiente, sem prejudicar a visibilidade, é uma boa pedida para que o ambiente pequeno não fique escuro ou claro demais.

→ 203. Na medida

Um closet com fundo claro não exige muitas lâmpadas, basta usar algumas linhas ou spots de luz que o espaço já ganha uma iluminação com ar natural, sem exageros.

→ 204. Luz duplicada

Posicionar um espelho de corpo inteiro garante não só o feedback do modelito do dia, como também reflete os pontos de luz de maneira charmosa.

Projeto: Bruna Oliveira Arquitetura de Interiores Foto: Divulgação

Projeto: Arquitetura 8 Foto: J.Vilhora (divulgação)

↑ 207. Centro das atenções

Closets com ilhas merecem uma iluminação especial. Posicionar um lustre acima da peça é uma ideia bacana, já que ele ilumina pontualmente o móvel e ainda distribui luz por todo o closet.

Projeto: Claudia Macedo e Andrea Martin Foto: J.Vilhora (divulgação)

Projeto: Isabela Canaan Foto: Divulgação

↑ 208. Ilusionismo

Rasgos de luz no teto do closet são ótimos para quem deseja trazer uma sensação de amplitude ao ambiente.

↑ 209. Efeito suave

Apenas com a escolha da lâmpada é possível transformar o closet em um ambiente mais tranquilo. Neste projeto, graças ao lustre de plafon com lâmpada difusa, a luz se espalha de uma maneira suave no espaço.

↑ 210. Detalhe

Em ambientes mais escuros, luz pontual e delicada permite que o mobiliário e a decoração não se tornem cansativos. da cabeceira e do criado-mudo - pontua bem o ambiente.

Projeto: Espaço Interior Foto: Divulgação

← 211. Tudo seu

Coleções de sapatos podem se perder se a iluminação não estiver focada e forte. O mesmo vale para as bolsas.

↑ **212.** Muito estilo!

Portas de vidro fumê deixam à vista alguns itens, de forma discreta e delicada. A boa iluminação é importante para destacar esse material mais nobre.

→ **213.** Na direção

Direcionar spots para de cada divisória do armário ou das prateleiras facilita na escolha das roupas e dos acessórios e impede que se formem sombras.

→ **214.** Intervenção natural

Ao centro do espaço, uma janela ganha destaque e, para não abrir mão de sua luz natural, uma cômoda foi instalada logo abaixo. A persiana rolô dá o toque final.

Projeto: Simonetto Foto: Divulgação

↑ **215.** Só o que importa

Antes de instalar inúmeras lâmpadas uma ao lado da outra, preste atenção no espaço entre elas e veja quantas serão realmente necessárias para não exagerar na iluminação.

↑ **216.** Ponto-chave

Um lustre pontual, em espaços maiores, pode resolver o projeto luminotécnico - deixando outros pontos de luz para horários específicos do dia.

Projeto: Figueiredo Fischer Foto: Ricardo Bassetti (divulgação)

Projeto: Laura Santos Foto: Divulgação

Projeto: Marcelo John Foto: Divulgação

↑ **217.** Sapateira

O espaço para sapatos deve ser limitado ao item, para garantir higiene e fácil acesso na hora de escolher seu preferido para o dia.

↑ **218.** Pendure

Aposte em cabides de mesma cor e estilo, isso deixa o armário mais uniforme e organizado.

↑ **219.** Charme sutil

Para quem deseja iluminar de maneira aconchegante e surpreendente, pendentes são uma ótima ideia, já que eles podem ter formas e tamanhos diferentes. Um belo toque de movimento e modernidade.

↑ **220.** Boa saída

Se o efeito gerado pelos pendentes deixar o ambiente escuro, aposte em iluminação dentro do armário.

Projeto: Breno Santiago – closet Ornare Foto: Divulgação

← **221.** Como um todo

Focos de luz são essenciais para um closet, mas uma boa iluminação geral garante que todo o espaço fique à mostra e não forme sombras indesejadas, que atrapalhem a visão de tonalidades e modelos de roupas. Para garantir que todo o espaço seja bem iluminado, aposte em lâmpadas fluorescentes.

Dicas inteligentes

Integrados, embutidos ou versáteis, o mobiliário pode ser pronto ou sob medida. O importante é ser prático, espaço e garantir harmonia à composição do décor.

Projeto: Marcia Brunello Foto: Divulgação

← **222.**
Multiúso

Feito de MDF de cor cinza, o móvel ganha três funções: cabeceira, prateleira e armário.

← **223.**
Minigaleria

No espaço acima da cama, a ideia de apostar em diferentes fotos emolduradas deu vida a uma sutil menção a uma galeria de arte.

← **224.**
Bela textura

A estrutura ripada do móvel alonga a ambientação e não deixa o item se tornar cansativo.

→ **225.**
Múltiplos

Pequenos nichos aumentam as opções para organizar e guardar.

Projeto: Mariana Stockler e Carolina Posanske Foto: Divulgação

Projeto: Patricia Martinez Foto: Divulgação

← **226.**
Deu madeira!

O ambiente é três em um: home-office, quarto e banheiro. Tudo permeado pela madeira clara que abrange parede, bancada, cadeira e prateleiras.

Projeto:Figoli-Ravecca Foto: Divulgação

← 227.
Volante

Centralizada no quarto, a cômoda tem armário com rodinhas e pode ir para qualquer canto.

Projeto: D2F Engenharia Foto: Divulgação

↑ 229.
Espaço delimitado

Parece um simples armário, mas a porta de correr esconde um closet bem dividido.

Projeto: Camila Klein Foto: Divulgação

↑ 228. Divisão singela

A cômoda no meio do quarto setoriza os ambientes sem deixar de lado a integração necessária.

Projeto: Alessandra B[illegible]gion Foto: Divulgação

↑ 230. Cabe tudo

Nichos verticalizados abrigam caixas, livros e itens decorativos sem ocupar espaço no centro do quarto.

Projeto: Arquitetura 8 Foto: J.Vilhora (divulgação)

↑ 231. Singelo

Num cantinho entre cama e cortina, um nicho ganha as vezes de criado-mudo e abriga uma luminária.

Projeto: Bel Urtiga Foto: Divulgação

← 232. Multifuncional

O painel de madeira cumaru recebe quatro cortes, dando espaço para TV, DVD, persiana e até decoração com luz pontual.

Projeto: Marcelo John Foto: Divulgação

← 233. Clean e dinâmico

O diálogo entre os móveis parece completo no projeto. Guarda-roupa, bancada, gaveteiro e nichos dividem bem o espaço.

← 234. Reflexo

Abusar do uso do espelho ajuda a otimizar o espaço do quarto. Na porta de correr, ainda ganha destaque graças à iluminação eficiente da luminária centralizada.

Projeto: Beatriz Quinelato Foto: Divulgação

← 235. Pendura lá

O armário centralizado entre closet e quarto não só setoriza os espaços como recebe um televisor.

Projeto: Julia Ribeiro Foto: Divulgação

← 236. Armário diferente

Ainda que o tamanho seja reduzido, incluir uma torre de sapatos é sempre ponto positivo. Ocupa pouco espaço e guarda muita coisa.

Projeto: Adriana Fontana Foto: Divulgação

← 237. Dupla de camas

Clássico da boa dinâmica de espaços, a beliche ainda teve um cantinho para encaixar bancada de estudos e um feixe de espelho.

Projeto: Adriana Fontana Projeto: Divulgação

↑ 238 Crescente

Mesinhas laterais, de tamanhos diversos, podem se encaixar uma dentro da outra, criando um estilo bem prático.

Projeto: Alessandra Braggion Foto: Divulgação

← 239. Bem guardado

O já conhecido baú continua sendo um dos móveis mais funcionais para armazenar muitas coisas sem deixar a bagunça à vista.

Projeto: KTA Arquitetura Foto: Divulgação

← 242. Mistura de propostas

A parte de trás do closet não foi perdida. Como os ambientes dividem espaço, esse fundo virou a base para um painel de TV.

← 243. Ideia bacana

Para não instalar prateleiras, um pequeno nicho foi fixado no móvel - com pouco recúo - para que coubesse o aparelho de TV a cabo.

Projeto: vanessa de Mani Foto: Divulgação

← 240. Nada fixo

Portátil e fácil de posicionar, a cabeceira foi apenas encostada atrás na parede e garante que a cama possa ter tamanho reduzido.

← 241. Minivintage

Para compor a ambientação, um criado-mudo pequenino quse não ocupa espaço, mas faz efeito de cômoda retrô.

Projeto:Alessandra Braggion Foto: Divulgação

← 244. No cantinho

Encostar a mesinha de desenho da garotada na parede reduz o espaço ocupado no ambiente. Vale criar um painel na parede para preencher o outro lado do móvel.

Projeto: Rose Diani Foto: Divulgação

← 245. Truques

No recuo existente na planta do quarto, a instalação de um guarda-roupa criou um closet num espaço reduzido. As portas de espelho parecem tornar o ambiente maior.

Projeto: Diego Revollo Foto: Divulgação

→ 246.
No banho

Aproveitando a parede de cimento queimado, a banheira ganhou mesmo material e fica ao lado da cama. Superchique!

→ 247
Transparência

O box de vidro permite que a integração entre os espaços seja harmoniosa e ainda proporciona amplitude.

→ 248
Adega

A cabaceira integrada à parede permite que a cama seja mais compacta e se encaixe no espaço disponível.

Projeto: Lina Idoeta e Euridice Saltini, do escritório Idoeta & Saltini Foto: Marcelo Magnani (Divulgação)

Projeto: Rose Diani Foto: Divulgação

← **249. Relicário**

Manter uma coleção de mimos e bibelôs ocupa muito espaço. Que tal usar um só armário para deixar tudo junto? As portas de vidro vão garantir que eles fiquem sempre por perto.

← **250. Para todos os gostos**

De um lado, o criado-mudo; do outro.... a penteadeira! Forma descontraída e eficaz de otimização.

→ 251.
De um só jeito

Embutir mais de um item do mobiliário é otimização na certa. Aqui, cabeceira, criado-mudo e até um pedaço da hidromassagem ficaram reunidos.

Projeto: Diego Revollo Foto: Divulgação

Projeto: Diego Revollo Foto: Divulgação

← 252.
Conforto descolado

Dividir ambientes com charme é questão de usar o móvel certo. A bancada clean, de madeira, faz que o banheiro seja parte do quarto.

Ponto de beleza

Além de abrigarem de maneira organizada nossas roupas e acessórios, os closets podem abrir espaço para um item ainda mais especial: a penteadeira.

Projeto: Jóia Bérgamo Foto: Kaka Ramalho (divulgação)

← 253. Gaveteiro

Algumas versões podem contar com gavetas, que armazenam itens de beleza, bijuterias e outros acessórios. Evitando ar de bagunça ao não deixar tudo à vista, ganha-se também em otimização de espaço.

← 254. Mimo

Acima da penteadeira, um dos itens certeiros são as bandejas. Além de decorativas, abrigam com charme perfumes, espelhos e potes de creme.

← 255. Conforto e design

Se o móvel possuir linhas retas, o destaque pode ficar na cadeira - vale apostar nas versões de design, como a Eames.

→ 256. Vintage sempre

Aposte em penteadeiras avulsas, como as do tempo de nossas avós. Vale buscar o item em antiquários ou resgatar alguma na sua própria família.

Projeto: Marcos Bertoldi Arquitetos Foto: Ricardo Almeida (divulgação)

Projeto: Márcia Bueno Netto Foto: Adriana Barbosa

← 257. Função flexível

Se a ideia não é criar uma bancada destinada somente à maquiagem, capriche na escolha do móvel e aposte num belo pufe e espelho. Quando precisar, leve suas coisas até a peça e comece a produção!

Projeto: Mariana Stockler e Carolina Posanske Foto: Divulgação

← 258.
Dois em um

Embuti-la na área de TV é uma forma de aliar cantinhos diferentes sem perder em estilo. Pequenos pufes podem se encaixar sem ocupar espaço.

Projeto: VM Arquitetura Foto: Ricardo Carvalho (divulgação)

↑ 260.
Pura personalidade

Investir numa decoração descontraída faz que qualquer penteadeira fique mais bonita. Quadros com frases, espelhos com molduras coloridas e bandejas de perfumes são dicas infalíveis.

↑ 261.
Camarim

Graças à janela, a iluminação natural garante bons resultados para a maquiagem.

Projeto: Michelle Machado e Thais Borghetti Foto: Renato Rizzutti

← 259.
Num só modelo

Usar somente um tipo de material, como a madeira natural, para todo o móvel traz unicidade e estilo. Até mesmo a bandeja pode ser embutida.

Foto: [illegible]bio Cançado (divulgação) Projeto: Laís Albergaria

← 262. Cabe de tudo!

Gavetas laterais, como numa mesa de home-office, podem guardar escovas de cabelo, lenços e óculos de sol.

Projeto: Lígia Resstom Foto: Adriana Barbosa

← 263. Cantinho multiúso

Não tem espaço somente para um penteadeira? Aproveite seu cantinho de estudos e, nas horas vagas, faça sua maquiagem. Uma luminária faz bom efeito nas duas versões.

Tudo no lugar

Organização é a palavra-chave para manter um closet bonito, prático e com tudo à mão. Separamos dicas valiosas para que o seu espaço fique incrível!

Projeto: Isabela Canan Foto: Divulgação

↑ 265. Vestiário

A ideia de instalar o seu closet num corredor facilita a organização e disposição das peças, além de se tornar um verdadeiro passeio a hora de escolher qual roupa usar.

↑ 266 Temático

A ideia principal é que cada estilo de roupa, como as camisetas aqui, ocupem um mesmo lugar e sigam uma sequência de cor em degradê.

← 267.
Sua coleção!

Aproveite nichos para organizar acessórios de um mesmo estilo. Vale também organizar esses itens em cestinhos de vime e guardá-los nesses nichos, não deixando tão exposto suas peças e, de quebra, decorando o armário.

→ 268.
Item versátil

Uma ideia descolada e superfácil de fazer é comprar penduradores e coloque-os na lateral de um móvel. No caso da cômoda de acessórios, colares mais longos ficam ali e não se enroscam nas gavetas.

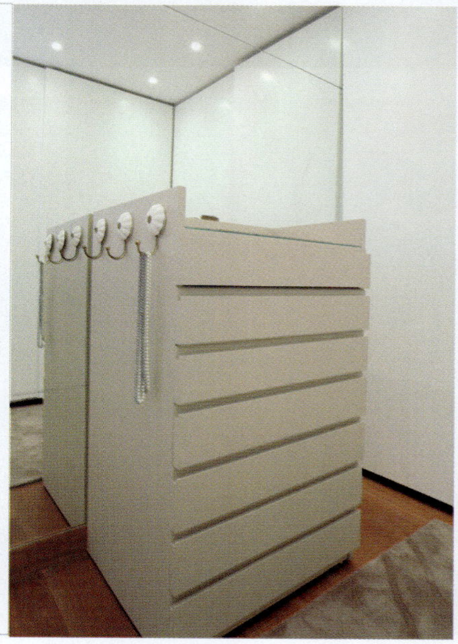

Produção: Beatriz Quinelato Foto: Divulgação

Produção: Beatriz Quinelato Foto: Divulgação

← 269.
Uma mãozinha

Logo na entrada do closet, ganchos podem segurar bolsas e lenços que estavam sendo usados ou estão separados para o dia seguinte.

Projeto: Ieo Shehtaman Foto: Divulgação

↑ **270.** Tudo à mão

Num closet masculino, alguns pontos são cruciais para facilitar o dia a dia: Porta-gravatas, caixas organizadoras e um mancebo para o terno para a manhã seguinte.

Projeto: Camila Valentini Foto: Divulgação

Foto: Melina Mundim e Márcia Mundim Foto: Divulgação

↑ 271.
Simplicidade

Calça jeans com calça jeans, roupas claras separadas. A ideia é objetiva e muito eficaz.

Projeto: Biasi Design Foto: Divulgação

↑ **271.** O seu pedaço

Um cantinho específico para guardar bonés, carteira, gravatas.... Evita a bagunça em outra parte da casa e você sempre sabe onde encontrá-los.

← **272.** Look do dia

Se o espaço destinado ao closet for grande, a ideia é pontuar o centro com pufes. Depois, basta separar as roupas em cima deles e fazer as combinações perfeitas.

Projeto: Beatriz Quinelato Foto: Divulgação

← 273.
Funcionais

Pequenos compartimentos, em gavetas ou cômodas, são ideias para pulseiras e brincos grandes.

Projeto: IBD Arquitetura e Interiores Foto: Sidney Doll (divulgação)

← 275.
De ladinho

Bem na lateral do armário, nichos compactos guardam acessórios amados: sapatos e chapéus.

Projeto: Melina Mundim e Márcia Mundim Foto: Divulgação

← 274.
Porta-bijus

Divisórias de acrilíco organizam bijuterias com leveza. Vale até apostar num fundo estampado ou com textura para dar mais estilo ao item.

Projeto: Marcelo John Foto: Divulgação

← 276. De olho!

Gavetas de vidro deixam tudo à vista e ainda dão uma forcinha para que as roupas fiquem sempre bem arrumadinhas.

Projeto: GF Projetos Foto: Julia Ribeiro (divulgação)

← 277. Versão camuflada

Sapateiras práticas e flexíveis: é possível puxar somente o andar do sapato escolhido. Depois, todos ficam guardadinhos novamente - sem bagunça!

Projeto: Melina Mundim e Márcia Mundim Foto: Divulgação

← 278. Faça os rolinhos

Ao guardar edredons e colchas de cama, procure enrolá-los e inserí-los em nichos compactos.

Projeto: Laura Santos Foto: Divulgação

↑ 279. Vitrine de loja

Um dos métodos mais práticos e elegantes para guardar sapatos são as prateleiras volantes. Cabem cerca de seis pares por andar e tudo fica superorganizado.

↑ 280. Um jeitinho

As prateleiras abaixo de camisas e camisetas - que parecem sem função - podem receber bandejas com seus perfumes

Projeto: Telma Sabadin Foto: Adriana Barbosa

projeto: Melina Mundim e Márcia Mundim Foto: Divulgação

↑ 281. Luz na medida

A iluminação dentro do armário, sobre os cabideiros, facilita a hora de encontrar sua roupa preferida e ainda deixa nítidos os tons de cada peça - facilitando a arrumação conforme os tecidos e as cores.

Produção: Diego Revollo Foto: Divulgação

← 282. Elegância pós-banho

O closet integrado ao banheiro facilita a rotina. Com tudo por perto, toalhas também entram na organização. Vale apostar numa porta de correr - para evitar mofos - e com espelho, para unir dois ambientes em um só.

Projeto: Prado Zogbi Tobar Foto: Salvador Cardoso (divulgação)

← 283.
Bela e funcional

Instalar uma ilha de gavetas no centro do closet garante não só mais espaço para organizar roupas, como uma base para dispor bolsas, lenços e acessórios.

Projeto: Leo Shehtman Foto: Divulgacnao

↑ 285. Dica profissional

Usar plásticos para armazenar algumas peçaas de roupas pode preservar seu tecido e cor por mais tempo - principalmente roupas de frio, pouco usadas, e ternos.

Projeto: Sandra Picciotto Foto: Divulgação

↑ 284. Muito glamour

A entrada do dormitório ganhou as vezes de closet e, para que tudo fique autêntico e organizado, o guarda-roupa recebeu vidro especial e luzes pontuais em cada porta.

Projeto: Christiane Sacco Foto: Divulgação

↑ 286. Toque fashion

Parece um simples armário com porta de correr, mas ao abrir... um closet confortável e bem dividido - tem até luz pontual e banqueta revestida de tecido de oncinha.

Projeto: Marcelo John Foto: Divulgação

← 287. Dica fitness

Alternativa de efeito para o amantes do esporte, os tênis podem ganhar um armário só para eles e suas cores vibrantes.

Projeto: Simonetto Foto: Divulgação

Projeto: Cioli Stancioli Foto: Divulgação

↑ **288.**
Fechado

Quanto mais portas, melhor! Você pode dividir por setor seus acessórios e roupas. Por dentro invista em divisórias, caixas e etc.

↑ **289.**
Dois em um

Pufes centralizados no closet não só deixam o espaço mais bonito como podem ganhar vezes de baú e abrigar mais acessórios.

Projeto: Marilia Caetano Foto: Divulgação

↑ **290.**
Mais funções

Se sobrar prateleira ou nicho, não hesite: vale guardar livros, revistas e CDs especiais.

↑ **291.**
Cuidados

Ternos podem ser guardados em capas, uma ótima opção para prezervá=los..

Projeto: Barbara e Purchio Foto: Romulo Fialdine

← **292.** Claridade e estilo

Nichos de vidro com fundos espelhados tornam o ambiente mais fashion e ainda trazem a boa sensação de amplitude. A cautela para guardar bolsas fica redobrada, já que qualquer bagunça ficará superevidente.

Projeto: Marcelo John Foto: Divulgação

↑ **293.** Perfil noir

A regra é clara: cada calça fica em um cabide. Nada de pendurar uma sobre a outra e estragar o corte e o caimento da peça. O armário de cor escura dá destaque ao composé colorido das roupas.

Foto: Divulgação

↑ **294.** Mais jovial

Cheios de nichos, prateleiras e gaveteiros com rodinhas permitem mais descontração na arrumação do closet.

Produção: GF Projetos Foto: Julia Ribeiro (divulgação)

↑ **295.** Divisor essencial

Deixar o topo da cômoda tampado somente por um vidro transparente ajuda na arrumação dos acessórios e facilita encontrá-los.

Projeto: KTA Arquitetura Foto: Divulgação

← **296.** Espaço para tudo

Cintos podem ser enrolados e deixados num nicho à vista, enquanto produtos para limpar sapatos e couro, dispostos próximos a eles.

Reflexo de charme

Espelhos são ótimos para complementar e ampliar os ambientes. Mas, como qualquer outro acessório, é preciso escolher os modelos e os locais corretos para instalá-lo. Lembre-se que, na decoração, menos é sempre mais.

Projeto: Márcia Brunello Foto: Divulgação

← 297. Facetas

As portas de correr já são comuns para separar quartos de closets. Quando posicionadas somente no meio do armário, parecem tirar um retrato do ambiente.

← 298. Mais um!

Posicionado entre a penteadeira e a bancada, o espelhoproporciona a sensação de amplitude ao quarto.

← 299. Cresceu

Por conta dos espelhos centrais, o piso ganha evidência e parece alongar o cômodo.

→ 300. Portátil

Mais comum em quartos, o espelho de corpo inteiro emoldurado foi somente encostado na parede e pode, facilmente, ser mudado de lugar.

Projeto: Liliane Zenaro Foto: Divulgação

Projeto:D2N Arquitetura Foto: Divulgação

← 301. Elegância sempre

Quase emoldurado pelo papel de parede de arabescos, este espelho imprime profundidade ao ambiente.

Projeto: Maya Lopes Foto: Divulgação

← 302. Ideia bacana

Em dose dupla, eles criam um cenário inovador ao redor do painel de TV.

Projeto: Vivian Coser Foto: Divulgação

↑ 304. Ilusão de ótica

O espelho maior, e também mais centralizado, evidencia o papel de parede listrado. Juntos, conseguem aumentar o tamanho do dormitório.

↑ 305. Charme duplo

O espelho principal parece abrir alas ao closet, logo atrás, com portas também espelhadas.

Projeto: Ana Yoshida Foto: Divulgação

← 303. Mosaico cool

No closet de décor clean, foi feito um recuo entre os armários para o espelho - dividido em três tiras.

Projeto: Claudia Macedo Foto: Adriana Barbosa (divulgação)

← 306. Lâmpada duplicada

Ganhando as vezes de cabeceira, o espelho auxilia na propagação do projeto luminotécnico.

Projeto: Beatriz Quinelato Foto: Divulgação

← 307. Reflete tudo

O espelho com laterais trabalhadas fica logo ao lado da porta de entrada e deixa à vista todos os detalhes do quarto. Com um pufe à frente, é possível aproveitá-lo para maquiagens rápidas.

Projeto: Alessandra Bragion Foto: Divulgação

← **308.** Ponto ampliado

Redondo e côncavo, traz personalidade ao ambiente e ar lúdico à decoração.

Projeto: Rose Diani Foto: Divulgação

← **309.** Por todo lado

Além de dividir espaço com a cabeceira, até o teto, o espelho aparece nas gavetas do criado-mudo. Ambiente de muito requinte.

← **312.** Muito espaço

Com todo o fundo do ambiente espelhado, o cômodo dobra de tamanho e ganha estilo contemporâneo.

Projeto: Studio Sá Sá Foto: Divulgação

← **310.** Forma inusitada

As propostas da petendeira e seu epelho, bem no meio do closet, são aumentar a sensação de espaço e refletir toda a ambientação fashionista.

Projeto: Lana Rocha Foto: Divulgação

← **311.** Dueto de sucesso

Misto de espelho bisotado com Veneziano, a penteadeira sai ganhando com mais sofisticação. Ao lado, uma versão de maiores proporções amplia o espaço.

A base do quarto

Independetemente do estilo, este ambiente pode ser lindo, moderno, tecnológico, grande ou pequeno... O que importa, no fim, é que a cama seja confortável e te acolha bem.

← 313. Original

Quem disse que a cama precisa ser básica ou seguir um padrão? Ela pode ser o destaque do ambiente, como neste projeto, em que ela ganhou estrutura de madeira e revestimento de tecido de algodão, ganhando ar de casinha - com teto e tudo.

→ 314. Simples e chique

O clássico modelo King Size recebeu cabeceira de tecido e pesei-ra de mesmo material.

← 315. Compor

Para modelos de cama box, a instalação de uma cabeceira que contem-ple parte da parede e um criado-mudo, pontua com elegância o item.

Projeto: Adriana Fontana Fotos: Divulgação

↑ **316.**
Revestir é tudo

Toda revestida de veludo de cor verde, a cama mal precisa de complementos, tornando-se a estrela do cômodo.

Projeto: Leo Shehtman Fotos: Divulgação

↑ **318. Cabe mais**

A base de gaveteiros ajuda a complementar a função do guarda-roupa.

↑ **319. No mesmo lugar**

Para complementar sem sobrecarregar, devido à forte presença de estampas, a parede recebeu marcenaria de MDF que já integra prateleiras, mesa e luminárias.

↑ **320. Diferente**

A cabeceira vazada serve como nicho também.

Projeto: Beatriz Quinelato Fotos: Divulgação

← **317.**
Uma boa ideia

Modelo mais básico e sempre um coringa, a cama de madeira que já vem com cabeceira ripada faz bonito em qualquer ambientação.

Projeto: Natuzzi Fotos: Divulgação

← **321.**
Puro luxo

Numa versão mais feminina, a cama de couro recebe tom claro, capitonê e lençóis de seda que acompanham a tonalidade do móvel.

Projeto: Natuzzi Fotos: Divulgação

← **322. Para ele**

Num ambiente de perfil masculino e até executivo, a cama de estrutura clara recebe enxoval degradê entre os tons de bege, cinza e marrom.

Na estante!

Além de acomodarem livros, revistas ou itens colecionáveis, este móvel garante mais praticidade e estilo ao quarto.

Projeto: Igor Miyahara Foto: Divulgação

← 323. Bem autêntica

No lugar de uma cômoda convencional, o designer de interiores desenhou uma estante especial de estilo industrial - feita em serralheria, com chapa de aço expandida e madeira de demolição.

← 324. Tudo escondido

O efeito de caixotes permite que inúmeras coisas sejam guardadas ali, sem deixar nada à vista. Ótima ideia!

→ 325. Linhas retas

De estilo minimalista, a estante de madeira natural recebe poucos itens e tem design exclusivo, feito pela própria arquiteta do projeto.

Projeto: Patricia Martinez Foto: Divulgação

Projeto: Melina Romano Foto: Divulgação

← 326. Descolada

Com desenho disforme e moderno, a estante de MDF branco ganha destaque no quarto e traz o conceito de móvel-colmeia.

← 327. Ideia bacana

Numa versão mais discreta, logo acima da cabeceira, as sancas formam uma estante iluminada e criativa.

← 328. Mix

Feita sob medida, de laca branca, a estante tem nichos de todos os tamanhos e larguras e pode armazenar exatamente o que você idealizou ao desenhá-la. Até gavetas de tecido.

← 329. Supercool

Quase como caixotes encaixados, o móvel moderno orna com o papel de parede também geométrico.

Projeto: Liliana Zenaro Foto: Divulgação

← 330. Retrô

Com ar de peça antiga, dos tempos da vovó, gaveteiros e armários são os pontos altos da estante.

← 331. Iluminar

Na última prateleira, spots embutidos garantem luz pontual e charmosa.

Projeto: Melina Romano Foto: Divulgação

↑ 332. Efeito loft

Posicionada de lado e vazada, a estante setoriza os ambientes, mas os integra simultanenamente. Forma clean e divertida de decorar.

Projeto:Alessandra bragion Foto: Divulgação

← 333. Diversão

Os nichos de MDF branco formam uma estante lúdica e moderninha. Dentro deles, caixas de tecido ganham ar de gavetas.

Projeto: Alessandra Braggion Foto: Divulgação

← 335. Mix de funções

Posicionada entre a bancada e o armário superior3, a prateleira ganha vez de estante.

← 336. Elementos rústicos

A iluminação por fio de LED torna a proposta mais moderna e funcional para uso noturno.

Projeto: Beatriz Quinelato Foto: Divulgação

← 334. Cantinho diferenciado

Embutida no guarda-roupa, a estante ganhou destaque pelo fundo revestido de tecido.

Projeto: Liliana Zenaro Foto: Divulgação

↑ 337. Baixinha

O espaço é permeado por uma estante baixa, que contempla desde a cabeceira até a bancada de estudos. Superprática!

Projeto: Alessandra Braggion Foto: Divulgação

← 338. Toda sua

As estantes podem receber funções distintas de acordo com a prateleira. Quadros em uma, fotos e vasos em outra e até livros!

← 339. Galeria

Uma ótima sugestão é instalar spots de luz acima de quadros, fazendo com que sejam evidenciados.

Projeto: Melina Romano Foto: Divulgação

← 340. Apoio vertical

Embutidas na parede, as prateleiras formam uma estante prática e que não ocupa espaço. Ideal para guardar livros e DVDs.

Projeto:Alessandra Bragion Foto: Divulgação

← 342. Modelo moderno

De perfil delicado, feito para um quartinho de menina, a estante conta com estrado na parte de trás e prateleiras semiabertas.

← 343. Elementos fofos

Na parte final do móvel, ganchos penduram roupinhas e acessórios da dona do cômodo.

Projeto: Beatriz Quinelato Foto: Divulgação

↑ 341. Universo lúdico

Baxinha e com miniprateleiras, a estante guarda essencialmente livros infantis e é composta por uma área destinada à leitura também.

Projeto: Bel urtiga Foto: Divulgação

↑ 2344. Efeito teen

Feita para um projeto jovem e descolado, esta tem formato simples e ganha força na escolha dos itens, como quadros, letras luminosas e porta-retratos.

Bem-estar em dobro

Para descansar, se maquiar, ler ou assistir a um pouco de TV, poltronas e cadeiras são importantes para complementar a decoração.

Projeto: Cerâmica Portinari Foto: Divulgação

← 345. A clássica

Feita de suede e com pés-palito, a tradicional poltrona fica próxima à estante de livros e recebe uma acolhedora mantinha para dias mais frios.

← 346. Puro aconchego

Para completar o estilo e o conforto, um pufe receberá seus pés e proporcionará ótimos momentos de leitura.

→ 347. Um arraso!

Versões de poltronas de design, como a Ball transparente, desenhada por Eero Aarnio, deixam qualquer ambiente mais descontraído e exclusivo. Invista em almofadas coloridas para decorá-la.

Projeto: D2N Arquitetura Foto:Divulgação

Projeto: Diego Revollo Foto: Divulgação

← 348. Estilo nórdico

Em decorações de perfil escandinavo elas também dão as caras. Estruturas geométricas e tecidos de cores neutras são características sempre presentes.

Projeto: Diego Revollo Foto: Divulgação

← 349.
Madeira pura

Modelos tradicionais - heranças de família ou adquiridos em antiquários - deixam o ambiente mais austero e elegante.

← 350.
Traços sutis

O ambinte é todo neutro, desde o tapete até o enxoval, mas nem por isso a cadeira ficou tão básica. O tecido estampado é elegante.

Projeto: Patricia Martinez Foto: Divulgação

← 351.
Tricolor

Confortáveis e acolhedoras, as poltronas de balanço podem nos receber por horas. O revestimento de couro torna o item mais sofisticado.

Projeto: Vivian Coser Foto: Divulgação

← 352.
Especial

Quando aparecem em modelos inusitados todo o ambiente fica mais harmonioso e evidente.

Projeto: Marcelo John Foto: Divulgação

← 353. Aposte no revestido

Revestimentos estampados, como listras largas, caem bem em quartos de decoração clean e delicada.

Estilo contemporâneo

Elas deixam as camas mais bonitas e vistosas, além de estarem em alta na decoração. De couro, veludo ou madeira... Venha conhecer mais sobre as cabeceiras!

Projeto: D2F Engenharia Foto: Divulgação

← 354. Tons complementares

As cores da cabeceira podem ornar com as dos móveis, da roupa e da decoração, criando uma bela composição unicolor.

← 355. Vai além

Nem sempre as cabeceiras abrangem somente a área da cama, podendo se expandir pela parede e ganhando ares de um nobre revestimento.

→ 356.
Suavidade nos detalhes

Cabeceiras de tecidos mais pesados, como o linho, pedem ambientes leves e de poucas cores.

→ 357.
Extensa e bela

Ambientes em que não foi aplicado papel de parede ganham mais charme com a opção de cabeceiras que ocupam boa parte da parede.

Projeto: D2N Arquitetura Foto: Divulgação

Projeto: D2N Arquitetura Foto: Divulgação

← 358.
Belo revestir

O uso de tecidos nobres, como seda, traz elegância inegável e um simples enxoval pode finalizar o décor da cama.

Projeto: D2N Arquitetura Foto: Divulgação

← 359.
Mínimos detalhes

Ao investir numa cabeceira mais chique, outros pontos podem ganhar destaque para criar um ambiente elegante. O lustre, com pequenos cristais, foi uma ótima aposta.

← 360. Cores neutras

Aos pés da cama, a peseira de veludo com pés cromados cria um degradê que inclui a cabeceira.

← 361. Refinada

O trabalho visto no item, com desenho de toque oriental, recebe costura à mão.

Projeto: Marina Priolli e Vanessa Galupp Foto: Divulgação

Projeto: Melina Romano Foto: Divulgação

← 362. Preto e branco

Para um espaço mais austero e até de clima invernal, a cabeceira recebeu lã e estampa xadrez. Superousado!

Projeto: Beatriz Quinelato Foto: Divulgação

← 363. Um charme de iluminação

Para destaque do item, em versão capitonê, lâmpadas de LED criaram um clima intimista.

← 364. Tudo bege

Por toda a extensão da parede, placas feitas de veludo ganham a vez de cabeceira e complementam a ambientação clean.

→ **365.** Lado a lado

Centralizado e quase até o teto, o item chamariz desse ambiente ganha a companhia de espelhos laterais.

→ **366.** Inspiração moderna

De aspecto mais básico, o tom nude foi quebrado com a presença de luminárias de teto prateadas.

Projeto: Vivian Coser Foto: Divulgação

Projeto: Raduan Foto: Divulgação

← **367.** Separação

Mix de tecido com iluminação criativa, a cabeceira acaba dividida em dois momentos.

← **368.** Tudo orna

O criado-mudo, de madeira freijó, parece embutido na cabeceira, já que as cores se complementam.

→ **369.** Revestimento singular

O couro é um revestimento certeiro para ambientes que visam misturar os estilos moderno e elegante. Chique e jovial.

Projeto: Vivian Coser Foto: Divulgação

Projeto: Beatriz Quinelato Foto: Divulgação

← 370.
Inovar com estilo
Além da cabeceira de veludo bege, o recuo antes do espelho cria uma versão prática de cabeceira: um nicho que abriga decoração.

← 371.
Invista nos detalhes
Uma vez que o item tem tonalidade clara, vale investir numa roupa de cama de cor mais intensa e até estampada.

Projeto: Beatriz Quinelato Foto: Divulgação

← 372.
Elementos neutros
Superdelicado e romântico, o estilo capitonê ganha destaque se feito em tons mais leves e que, ainda assim, se destaquem.

← 373.
Bonequinha de luxo O azul-tiffany é famoso por sua alusão ao requinte e à feminilidade. Logo, um belo lustre de cristal acompanha o tom com maestria.

Projeto: Duda Senna Foto: Divulgação

→ 374.
Uma sobre a outra
Aqui, a parede foi revestida e a cabeceira é de tecido.

→ 375.
Composé neutro
Almofadas e manta recebem o mesmo padrão de tons da cabeceira.

→ 376.
Pendente
Não deixe de destacá-la com luzes laterais.

→ 377.
Tudo conversa
Nem o tapete descombina!

Projeto: Duda Senna Foto: Divulgação

← 378. **Todos juntos**
Mesmo com a cabeceira de camurça, almofadas e travesseiros longos têm seu espaço.

← 379. **Acompanhante**
Aposte em complementos para o item, como estante, mesa lateral ou criado-mudo.

← 380. **Vale testar**
Pense em combinações de cores mais inusitadas, como marrom e preto. Não ficou bom?

← 381. **Roupa de cama**
Os tecidos do enxoval podem ser diferentes, mas devem ornar.

→ 382.
Fora do comum
Surpresa! A cabeceira ganhou companhia e recebe parede fria.

→ 383.
Peças pontuais
Com este tipo de móvel, itens mais longos - como a luminária de teto - podem ganhar mais espaço e evidência.

→ 384.
Capriche
Neste modelo, abuse das almofadas e de um enxoval de tecidos nobres.

→ 385.
De leve
Opte por uma tonalidade mais neutra, já que o item toma conta de boa parte da parede.

Projeto: Vivian Coser Foto: Divulgação

Projeto: Duda Senna Foto: Divulgação

← 386.
Toda a parede
Cabeceiras de ponta a ponta: puro charme!

← 387.
A certa
A cama box é ideal para se encaixar em qualquer tipo de cabeceira.

← 388.
Básico demais?
Quebre o neutro com quadros.

Projeto: Mandril Arquitetura Foto:Divulgação

← 389.
Toque moderninho
As mais clássicas podem, sim, ambientar quartos modernos. Invista em uma parede e em almofadas descontraídas.

← 390. Pendure o que quiser!
Com pontas nas laterais, pendurar terços ou colares podem agregar charme.

← 391.
Centralizada
O centro da cabeceira, de madeira maciça, ganhou estofado.

Projeto: Mandril Arquitetura Foto: Divulgação

← 392.
Diferente
Instalada na parede, a cabeceira tem até interruptor acoplado.

← 393. Coleos
Encostar quadros nela requer que sejam adesivados na parede, para que não caiam.

← 394. Preto e branco
Crie um degradé entre parede e cabeceira.

← 395.
Manter
Antes de escolher o tecido, pesquise seu tipo de limpeza.

Foto: Sidney Doll. Projeto: Ronaldo Jacynto

← 396. Muito conforto
Já parte da cama, a cabeceira vem com pillow-top.

← 397. Mais e mais
Ainda assim, preencha a cama com almofadas!

← 398. Um charme
O espelho atrás pontua com sofisticação o item.

Projeto: Marina Priolli e Vanessa Galuppo Foto: Divulgação

← 399. Extravagante
Que tal uma pincelada de cor mais forte e exuberante? Aposte em alamofadas alegres!

← 400. Espalhe
Mimos e detalhes, como o quadro, podem levar o mesmo tom.

O guarda-roupa

Essencial em quartos e closets, analise todas as versões e ganhe mais funcionalidade e organização.

Projeto: Leo Shehtman Foto: J.Vilhora (divulgação)

Projeto: Beatriz Quinelato Foto: Divulgação

↑ 401. Elegância funcional

Neste projeto, o armário divide os ambientes do quarto, criando um closet integrado ao banheiro.

↑ 402. As portas de correr permitem não só que o cômodo fique mais bonito, mas também que se ganhe espaço.

↑ 403. O uso de tons neutros permite que o móvel se camufle em meio à parede e ao piso.

↑ 404. Superprático

O formato em L abrange todo o espaço disponível no dormitório e ainda garante um armário de tamanho grande.

↑ 405. A cor branca torna a ambientação, projetada para um casal, clean e unissex, enquanto as boiseries da portas imprimem ar sofisticado ao item.

↑ 406. As portas, mais estreitas que o comum, permitem que o guarda-roupa tenha mais divisórias disponíveis ao casal e, consequentemente, fique mais organizado.

ProjetoSesso & Dalanezi Foto: Divulgação

← 407. Só uma cor

Para que o clima clean prevaleça, o branco leitoso das portas de vidro emana elegância e luminosidade.

← 408. A iluminação embutida acima do armário criou destaque sobre ele e facilita o momento da escolha das roupas.

← 409. Outra vantagem do guarda-roupa deste projeto é a escolha de portas de correr. Conhecidas por garantirem mais espaço e praticidade, ainda trazem ar moderno ao quarto.

← 410. Como se tornam parte da decoração, os itens complementares - como abajour, cabeceira e roupa de cama - seguem mesma tonalidade e estilo.

Projeto: Adriana Fontana Foto: Divulgação

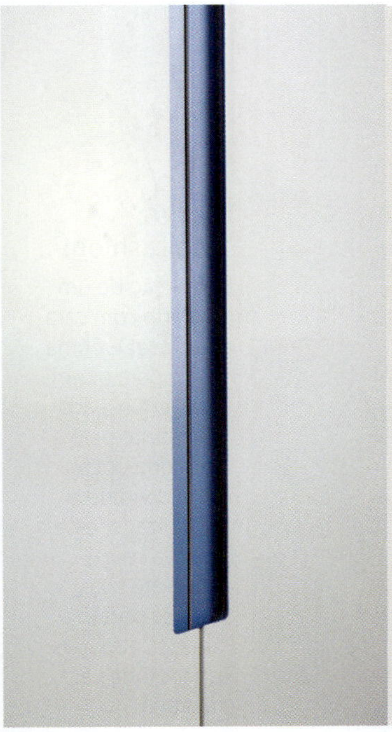

← **411.** Novidade

Os puxadores são, na verdade, cortes a laser feitos na madeira.

← **412.** Para agregar charme ao item e diferenciar o corte, dois tons aparecem: branco e azul.

← **413.** A ideia do puxador embutido deve ser levada para quartos infantis também, já que evita acidentes.

Projeto: Adriana Fontana Foto: Divulgação

← **414.** Novo do novo

Se a ideia é dar adeus aos puxadores, novos conceitos não faltam. Não basta ser um corte na madeira, vale criar desenhos e formas geométricas.

Projeto: D2N Arquitetura Foto: Divulgação

← **415.** Transforme o móvel

Aqui, a peça passou por adaptações e virou uma mistura charmosa de guarda-roupa e área de TV.

← **416.** Os gavetões estão presentes e servem de base para uma estrutura descolada que recebe a televisão.

← **417.** Para gerar uma sensação de amplitude ao cômodo, aposte num único tom, de preferência bem claro. Com toda a extensão da parede e dos móveis assim, a ideia é que o quarto aparente ser bem maior do que realmente é.

→ **419.** Espaço flexível

Um móvel versátil é sempre bem-vindo. Os nichos semiabertos recebem livros e itens decorativos.

→ **420.** Se você quiser evitar puxadores comuns, portas basculantes são funcionais, descontraídas e superbonitas.

→ **421.** Para receber cores mais fortes em outros pontos do quarto, deixe que o móvel fique num tradicional duo de claro e escuro.

Projeto: KTA Arquitetura Foto: Divulgação

Projeto: KTA Arquitetura Foto: Divulgação

← 422. Verticalize!

Pense em propostas como esta, que ocupam pouco espaço - uma vez que ficam embutidos - e trazem a ideia de um pé-direito mais alto.

Projeto: Rose Diani Foto: Divulgação

↑ 423. Vidro fumê

A porta de vidro deixa tudo à mostra, mas se escolhida em tom mais escuro garante um toque mais discreto e sofisticado.

↑ 424. Dentro do armário, luzes embutidas iluminam pontualmente cada item ali armazenado. Um show de estilo!

Projeto: KTA ARquitetura Fotos: Divulgação

↑ 425. Armário cool

Como um labirinto que cruza as portas do armários, os puxadores embutidos criam portas basculantes pra lá de modernas. O tapete acompanha o décor e as cores escolhidas.

Projeto: GF Projetos Foto: Julia Ribeiro (divulgação)

← 426. Tão fashion!

A criação de um armário com cara de closet é ótima saída para quem não tem espaço suficiente para a segunda opção. Bem dividido e organizado, esse guarda-roupa pode até ficar com as portas abertas e roupas e acessórios à mostra.

Projeto: Marcelo John Foto: Divulgação

↑ 427. Projeto inteligente

Perceba como a combinação das formas e os encaixes do armário reforçam a delicadeza do ambiente. Cada compartimento tem uma finalidade e até a TV ganhou lugar de destaque ali.

↑ 428. Nem mesmo o meio do móvel, uma espécie de divisão geralmente não aproveitada, ficou de fora. O guarda-roupa segue e une as portas sem perder espaço.

↑ 429. As portas de espelho, escolhidas a dedo, garantem amplitude e não sobrecarregam a ambientação.

← 430. Suspenda as toalhas

O espaço pode ser pequeno - apenas um corredor - mas se todos os cantinhos forem aproveitados, nasce um belo closet-corredor.

← 431. Só a pia

Para criar um ar descontraído e alegre, um lado recebeu portas de vidro e o outro de madeira com placas coloridas. Lindo composê!

Projeto: KTA Arquitetura Foto: Divulgação

← 434. Divisória de sucesso

Bem em frente à cama, o ármario cria um cantinho intimista de um lado e um closet do outro, sem precisar de reforma ou intervemção de marcenaria.

Projeto: Mariane Trevelin Foto: Divulgação

← 432. Dupla básica

O mix de madeira natural, em suaves detalhes, com MDF de cor branca deixa o armário mais elegante. É fácil inovar com criatividade!

← 433. Sutil menção

Alguns detalhes, como papel de parede listrado nos mesmos tons do guarda-roupa e caixinhas com bordas madeira, tornam-se complementares ao móvel.

Projeto: KTA Arquitetura Foto: Divulgação

← 435. Cor nova

A escolha de portas de correr com vidro leitoso nem sempre requer a cor branca. O tom de marrom também faz bonito, principalmente em ambientes masculinos.

Para decorar sem errar

Para completar com personalidade o décor, que tal preencher algumas paredes com quadros? Confira, a seguir, dicas para inserir corretamente este acessório.

Projeto: Cerâmica Portinari Foto: Divulgação

← 436. Brincar de galeria

Dispor quadros com molduras de diferentes tamanhos é ideal para ambientes de decoração mais moderna e jovem.

← 437. Composições

Ao compor cada um deles, as figuras podem seguir temas semelhantes e cores complementares à ambientação - como as figuras da natureza em preto, branco e rosa que aparecem neste projeto.

→ 438.
Encoste aqui

Quem disse que é preciso furar a parede para ter seus quadros preferidos por perto? Cabeceiras podem ser ótimos apoios para molduras leves e perfil clean.

Projeto: Biarari e Rodrigues Foto: Divulgação

Projeto: Liliana Zenaro Foto: Divulgação

← 439.
Um cantinho

Feito sob medida - e você já pode pensar no seu pedido ao marceneiro! - uma placa de MDF branco sobre a parede dá espaços para que os quadros sejam encaixados e, ainda que não precise furar paredes, mantenham-se fixados. Vale colocar livros próximos às obras de arte.

Projeto: D2F Engenharia Foto: Divulgação

← 440. Só dá ele!

Solitariamente posicionado acima da cama de casal, o quadro é filho único no quarto e vira o centro das atenções.

Projeto: Prado Zogbi Tobar Foto: Carla de Carvalho

← 442. Recordar

Montar uma galeria de fotos traz personalidade e boas lembranças para dentro do seu refúgio particular.

Projeto: KTA Arquitetura Foto: Divulgação

← 441. Mais cor

Acima de móveis mais baixos, o item decora com classe e de maneira pontual. Se o mobiliário tiver tom claro, vale apostar numa obra bem alegre e colorida.

Projeto: Figoli-Ravecca Foto: Divulgação

← 443. Moldurinhas

Molduras pequenas deixam o ambiente mais delicado e podem ser sobrepostas.

Projeto: Diego Revollo Foto: Divulgação

← 444. Seu mundo

Enquadrar uma foto especial ou de alguma viagem inesquecível, como esta escadaria do Museu do Vaticano, torna o espaço singular e aconchegante.

Tecidos e estampas

Da colcha ao travesseiro, vale investir em peças confortáveis e feitas de tecido com cores e padronagens que coordenam com o estilo do décor do quarto.

Projeto: Beatriz Quinelato Foto: Divulgação

← 445. Elegância

Colchas trabalhadas, mesmo que de uma única tonalidade, deixam em destaque a roupa de cama.

← 446. Lado a lado

Além dos travesseiros, vale apostar em almofadas de modelo mais comprido e com estampas geométricas - elas alongam a cama.

Projeto: Anete Weber Foto: Sidney Doll (divulgação)

↑ 447. Personalizado

Almofadas bordadas à mão podem receber brasões com a inicial do sobrenome da família ou dos nomes do casal.

→ 448. Efeito Frida Kahlo

Em um quarto de ambientação clean, uma colcha colorida irá imprimir mais alegria na decoração.

→ 449. Ponto quentinho

Almofadas de lã são opções que, além de bonitas, aquecem o enxoval.

Projeto: Diego Revollo Foto: Divulgação

Projeto: Beatriz Quinelato Foto: Divulgação

← 450. Para qualquer hora

Aos pés da cama, deixar uma mantinha de tricô dobrada é garantia de um móvel bem arrumado e menos sustos durante noites frias.

Projeto: Beatriz Quinelato Foto: Divulgação

← 452. Combinação sem erro

Em ambientes em que móveis e enxoval recebem tons claros, o neutro pode continuar predominando, mas com um toque mais intenso. O azul-marinho é companhia ideal para branco e bege.

Projeto: Mariane Trevelin Arquitetura Foto: Divulgação

← 451. Criatividade total

Para quartos mais jovens, almofadas descontraídas são peças-chave. Nuvem, laço e coração se misturam com harmonia neste projeto.

Projeto: Vanessa de Mani Foto: Henrique Ribeiro

↑ 453. Superfino

Mesmo em decorações suaves e tradicionais, a ideia de apostar em peles sintéticas e almofadas de tecico brilhoso torna o espaço todo mais elegante.

Projeto: D2N Arquitetura e Interiores Foto: Divulgação

← 454. Material

O uso do tricô está em alta e imprime elegância por onde passa.

← 455. Perfis ocultos

Para compor com o material, colcha e fronhas de matelassê tornam o enxoval mais leve.

Projeto: D2N Arquitetura e Interiores Foto: Divulgação

← 456.
Quanto mais, melhor

Apostar em muitos travesseiros e almofadas é sinônimo de cama chique e quarto com cara de capa de revista.

Projeto: Alessandra Braggion Foto: Divulgação

← 457.
Romance

Drapeado, com pérolas, tom de nude... Abuse do estilo feminino.

Projeto: Claudia Macedo Foto: Divulgação

← 458.
Mistura vistosa

Preto, marrom, bege, branco... Pode parecer neutro demais, ma a composição fica linda para uma roupa de cama.

Projeto: Rose Diani Foto: Divulgaçnao

← 459. Destaque

Uma colcha toda estampada e em alto-relevo de arabescos recebe bem elementos de madeira, veludo e cristal - além de ornar com o papel de parede de mesmo desenho.

Moderno, sim!

Acolhedores e com novidades pra lá de atuais, quartos high-tech trazem soluções que dão vontade de ficar o dia inteiro dentro deles. Inspire-se!

Projeto: Adriana Fontana Foto: Adriana Barbosa

← 460. Sem sair do lugar

Assistir a filmes, séries e novelas no quarto com todo o conforto e sem precisar adaptar a TV é possível graças à estrutura de aço-inox que permite que a tela - digna de cinema - se adapte à posição de quem lhe assiste.

← 461. Climatizar

Garantir que a temperatura do quarto esteja ideal é possível por meio de um sistema que pode ser acionado via controle remoto, graças a um aparelho instalado na parede.

← 462. Por um clique

Com um toque na tela do celular ou do iPad, é possível controlar o sistema de iluminação e o som do quarto, sem sair da cama: basta instalar o aplicativo e pronto, comodidade assegurada.

→ 463. Tudo camuflado

Para os adeptos da era high-tech, este suporte para TV fica preso ao teto. Ele garante que o aparelho fique escondido e seja acionado apenas quando os moradores desejarem assistir à televisão.

KTA Arquitetura Foto: Divulgação

← 464. Potência distribuída

Para quartos com dimensões maiores, é possível investir em caixas de som mais potentes e no famoso home theater. Elas que podem ser espalhadas por todo o ambiente e deixar a acústica perfeita.

Projeto:Rosa May Sampaio Foto: Romulo Fialdin (divulgação)

← 465. Supertablet

A mesa de centro se transformou em um iPad gigante, que permite que o morador interaja nas redes sociais, acesse e-mails e muito mais em um tamanho bem mais atrativo que o do aparelho convencional.

Projeto: Camila Valentini Foto: Divulgação

↑ 467. Para todos

Para famílias grandes, vale a lembrança: caprichar na TV e na escolha do videogame é diversão garantida para todas as horas.

↑ 468. Cinema em casa

Caixas de som embutidas no teto, principalmente em dormitórios de metragem grande, garantem melhor proveito do home theater.

Projeto: Alessandra Braggion Foto: Martin Szmick (divulgação)

← 466. Som de primeira

Além de uma imagem perfeita, instalar um sistema de som que permita que ele se propague por todo o ambiente sem causar desconforto é uma boa dica para os fascinados por tecnologia.

Projeto: Joia Bergamo foto: Divulgação

← 469. Sistema revelador

A parede espelhada esconde uma grande surpresa: uma TV que só consegue ser vista quando ligada! Quando não utilizada, é usada para separar os ambientes

Projeto: Imagem: Nice Muller Foto: Richard Junker (divulgação)

← 470. Cor e praticidade

A televisão acoplada a uma porta colorida pode também ser usada como espelho, o que permite que a peça tenha uma múltipla função.

Projeto: Bruna Oliveira Arquitetura de Interiores Foto: Robson Nascimento (divulgação)

↑ 471. Toque de luz

Apostar em um sistema de iluminação permite economia de energia e mais conforto, podendo o morador acionar apenas a luz de leitura ou a central sem grandes dificuldades.

Projeto: Ana Paula Faria Foto: João Ribeiro (divulgação)

← 472. Interação exclusiva

Neste ambiente repleto de personalidade e tecnologia, é possível assistir ao mesmo filme no quarto e na sala, usando um só telão – graças à tela que permite assistir nos dois lado ao mesmo tempo.

← 473. Detalhes

De um lado, um retroprojetor supermoderno; do outro, spots sobre o telão para garantir luz direcionada. Tecnologia de dar gosto.

Luminosidade ideal

Elas controlam a entrada de luz, além de criarem um cenário discreto, elegante e essencial para garantir privacidade e estilo.

Projeto: Cláudia Santos Foto: Equipe Cláudia Santos (divulgação)

← 474.
Cantinho cool

O modelo rolô tem ar mais jovial e moderno. Na maioria das vezes, conta com uma versão blackout atrás dela, para garantir bloqueio total de entrada de luz.

Projeto: Silene Cancela Foto: Adriana Barbosa

↑ 476. Por dentro

Embutidas numa sanca de gesso, as cortinas ganham uma presença mais sofisticada na decoração.

→ 475.
Delicadeza

Do teto ao chão, cortinas de viscose com forro de algodão deixam o ambiente mais imponente e criam cenários distintos, com entradas de luz a gosto do morador.

Projeto: Carol Farah e Vivi Cirello Foto: Anna Quast (divulgação)

Projeto: Márcia Feitosa Foto: Clovis Copelli

← 478.
Luz sutil

A versão de voil é leve e permite que a luz entre suave e serenamente.

Projeto: Marcos Bertoldi Arquitetos Foto: Ricardo Almeida (divulgação)

← 479.
Neutras

As persianas são coringas em décor de quartos, criando ambientes mais clean e unissex.

Projeto: Reinaldo Casagrande Foto: Clov[illegible]pelli

← 481.
Bem combinado

Para criar uma decoração autêntica, vale combinar enxoval da cama com cores e tecido da cortina.

Projeto: Nadja Fernandes Foto: Renato Rizzutti

← 480.
Básica

Para ambientes com decoração mais elaborada e lúdica, não tem erro: aposte na cortina branca.

Projeto: Luciane de Sim[illegible]e, na Casa Design [illegible]008 Foto: MCA Estúdio (divulgação)

← 482. **Puro mimo**

Ainda que sofisticados e sóbrios, desenhos na barra da cortina são detalhes que não passam.

Projeto: Jóia Bérgamo Foto: Adriana Barbosa

← 483.
Spot no espelho

Brincar com composições de cores também é válido. Toda bege, neste projeto, a cortina ganhou uma pincelada de azul-marinho.

Projeto: Guto Martins Foto: Alexandre Dotta

← 484.
Apoio
Os varões de cortina podem ser de vários materiais. O de aço inox é um clássico para tonalidades neutras.

Projeto: Reinaldo Casagrande Foto: Clovis Copelli

← 486.
Bem desenhado
Com fundo sutil, a parte principal desta cortina recebeu tecido estampado em formas geométricas.

Projeto: [illegible]ília Garcia – EG Interiores Foto: EG Interiores (divulgação)

← 485.
Abram alas!
A iluminação embutida faz bonito sobre a peça e lembra cortinas de um espetáculo de teatro.

Projeto: Silene Cancela Foto: Adriana Barbosa

← 487
Ponto importante
Se o ambiente conta com bancada de estudos abaixo da janela, vale apostar numa versão que consiga vetar qualquer entrada de claridade, se desejado. Persianas romanas são ótimas opções.

→ 488. Tons de estilo
Até mesmo a tradicional persiana laminada ganha estilo se idealizada em cores distintas e complementares à decoração do cômodo.

Projeto: Silvia Cabrino Foto: Renato Rizzutti

Projeto: Vivian Coser Foto: Divulgação

← 489. Item de decoração

Listras horizontais, quando presentes em cortinas de tecido, ganham destaque com a passagem de luz e decoram ambientes.

Projeto: Beatriz Araújo Leite Foto: Renato Rizzutti

← 490. Peça antiga

O quartinho de menina ganha ar de contos de fadas graças à cortina que combina dois tipos de cores e tecidos sobrepostos.

Projeto: Luciana Tomás, na CAD 2008 em São Paulo Foto: CAD 2008 (divulgação)

← 491. De todos os estilos

De linho, pequenas bolinhas bordadas completam o dormitório delicado e de perfil romântico.

Projeto: MárcioGF Projetos Foto: Julia Ribeiro (divulgação)

← 492. Moldura de luz

A persiana silhouette tem estrutura de varetas e parece ser disposta em camadas, sendo recolhida em módulos.

← 493. Indireta

A entrada de luz natural é sempre bem-vinda e pode ser compensada, no fim de uma tarde, com luminárias próximas às janelas.

→ 494. Composições

Duplicadas, as persianas de fibras naturais ornam com o ambiente, que apresenta cadeiras e cama de clima rústico.

Projeto: KTA Aruitetura Foto: Divulgação

Sob nossos pés

Complemento supernecessário na decoração, os tapetes aquecem e colorem os ambientes. Além disso, protegem o piso e ganham destaque quando coordenados com o mobiliário.

Projeto: Noura Van Dijk Foto: Divulgação

← 495. Finalize

Deixe o tapete como último item a ser escolhido. Desta forma, é possível analisar o projeto e não cometer exageros.

← 496. Só deu ele

Quando abrange boa parte do espaço, garante a sensação de aconchego.

← 497. Durável

Opções de fibras sintéticas são sempre mais resistentes.

← 498. Atenção!

Para evitar que o tapete fique "escorregando", cole fitas adesivas antiderrapantes embaixo das bordas.

← 499. Alergias?

Casas com pessoas alérgicas têm como aliados tapetes de fibra sintética ou com tratamento antiácaro.

→ 500. Desenhado

Para os adeptos de uma composição mais moderna e cool, a estampa xadrez é atemporal.

Projeto: Leo Shehtman Foto: Divulgação

Projeto: Beatriz Quinelato Foto: Divulgação

← 501. Bom conselho

Em lares com crianças e animais de estimação é bom optar por um tapete mais escuro, que disfarça possíveis sujeiras. A decoração do restante do ambiente deve priorizar cores claras, o que evita ar pesado e impressão de que o espaço seja menor do que é.

Projeto: Mandril Arquitetura Foto: Divulgação

← 502. Para os pequenos

Em quartos infantis, deixe a criatividade reinar! Mix de extampas e cores é muito bem-vindo.

← 503. Estampa da vez

O chevron é uma das estampas atuais mais requisitadas. Fica lindo!

Projeto: Marcelo John Foto: Divulgação

← 504. Um fio

Ainda que o tapete permeie quase todo o espaço, procure deixar pelo menos 20 cm de piso aparente em todos os lados.

→ 505. Bolinha

A versão redonda é famosa por agregar charme e delimitar um espaço, por exemplo, para brincadeiras.

Projeto: Beatriz Quinelato Foto: Divulgação

← 506. Padrão

Aqui, a peça segue a mesma gama de tons do restante da decoração, com pequeno relevo. Sempre uma boa ideia.

Projeto: Patricia Martinez Foto: Divulgação

← 507. Bem fofinho

Os tapetes mais felpudos não só pontuam com mais estilo e delicadeza o ambiente, como são mais confortáveis e acolhedores.

Projeto: Beatriz Quinelato Foto: Divulgação

Detalhes importantes

Um simples móvel recebe mais cor, a parede ganha destaque, a cama também tem fução de estante.... Criatividade a mil e sensibilidade podem deixar o ambiente muito mais interessante.

Projeto: Mandril Arquitetura Foto: Divulgação

← 508. Original

Pontuar com cor ou estampas descontraídas uma só parede é sempre pedida certa. Mas que tal inovar com cimento queimado bem atrás da cama? E se você é um fã de itens de design e peças mais modernas, só que tem aquela quedinha por itens de antiquário. Problema resolvido: junte tudo!

→ 509. Simples e autêntico

Apartamentos duplex ou casas com sótão dão uma boa oportunidade para criar um cantinho personalizado e superaconchegante.

Projeto: Mandril Arquitetura Foto: Divulgação

Foto: Divulgação

← 510. Suas manias

Destacar seus hobbies na decoração é garantia de um quarto original. Vale pendurar na parede instrumentos musicais ou outras paixões - como câmeras fotográficas.

Projeto: Anna Maria Parisi Foto: Divulgação

↑ **511.**
Seu cantinho

Para quem passa horas no home-office e optou por tê-lo dentro do quarto, a ideia é que ele seja o mais dinâmico e funcional possível. Painéis - vale até resgatar os de cortiça - dão um ar personalizado e cara de escritório de verdade.

Projeto: Duda Senna Foto: Divulgação

↑ 513. Painel bacana

Com uma marcenaria sob medida, tudo fica em seu lugar: nichos para itens de papelaria, bijuterias, impressora e até fotos.

↑ 514. O seu perfil

De maneira charmosa e organizada, é possível deixar à mostra seus principais gostos. Pendurar bolsas, chapéus e afins traz um apelo fashion sem exageros.

↑ 515. Cada pedaço

Se o espaço é pouco e os itens para guardar são muitos, não pense duas vezes e use seu quarto - literalmente - até o teto com prateleiras e armários.

Projeto: Anna Maria Parisi Foto: Divulgação

← **512.**
Por todo lado

Para aproveitar de ponta a ponta quartos com medidas maiores, invista em bancadas e prateleiras fixadas. Superpráticas para uma bancada de estudos.

Projeto: Anna Maria Parisi Foto: Divulgação

← **516.**
Sem perder espaço

Aproveite se a estante for grande e bem dividida. Saia do senso comum de maneira funcional e use nichos para formar um penteadeira.

Projeto: Anna Maria Parisi Foto: Divulgação

← 517. Painel improvisado

Se não deu para elaborar grandes painéis, vale aproveitar um pouco da marcenaria da bancada e colar cortiça. Pequena, delicada e de muito efeito.

Projeto: Duda Senna Foto: Divulgação

← 518. Entrando na parede

Não perca tempo nem espaço: preencha suas paredes até as alturas com nichos embutidos recheados de livros.

Projeto: Duda Senna Foto: Divulgação

← 519. Pendurados

Não deixar a parede em branco nem sempre é sinônimo de pintura ou papel de parede. Ganchos de tamanhos distintos recebem acessórios femininos e valorizam esse cantinho.

Projeto: Patricia Penna Foto: Divulgação

← 520. Disposição

Quadros dispostos na lateral e sobre a cabeceira imprimem ar cool e elegante.

Projeto: Duda Senna Foto: Divulgação

← 521. Retoques

Para compor com móveis e alegria, vale encaixar quadros em cada cantinho vazio e apostar em luminárias pendentes para pontuar com luz a ambientação.

Projeto: Duda Senna Foto: Divulgação

↑ 522. Discretos e divertidos

Amantes de boas fotografias e ilustrações podem jogar holofotes sobre suas coleções. Atrás de painéis e rodameios, fios de LED dão um tom especial.

Projeto: Duda Senna Foto: Divulgação

← 523. De leve

Para realçar um ambiente de decoração mais neutra, sem perder o apelo clean, almofadas revestidas de tecidos e estampas descoladas são pequenos pontos de charme.

← 524. Sutil

Para paredes de cores sóbrias e sem revestimentos, basta uma luminária de teto para trazer um pouco mais de harmonia.

Projeto: Duda Senna Foto: Divulgação

← 525. Tom forte

Aplicar uma cor intensa no quarto requer um fundo bem claro, para que o destaque fique bonito e não sobrecarregado.

← 526. Para decorar

Ainda que a mesinha lateral seja pequena, invista em um décor elegante e que preencha todo o seu espaço.

Projeto: Duda Senna Foto: Divulgação

↑ 527. De ladinho

Ele fica de canto, quase não chama atenção, mas você pode, sim, mudar essa ideia e ter um criado-mudo superoriginal.

↑ 528. Ousar

As mantinhas no pé da cama complementam com elegância o enxoval. Para que ela valorize sua cama ainda mais, arrisque-se com desenhos e cores descontraídas.

Projeto: Duda Senna Foto: Divulgação

↑ 529 Mix de bom gosto

Ambiente austero, roupa de cama de tons sóbrios... Quer brincar um pouco com a decoração? A dupla tapete com estampa geométrica e móvel de design arrojado não falha.

Projeto: Duda Senna Foto: Divulgação

← 530. Bancada prática

Bancadas e tampos feitos com superfícies de quartzo Silestone® oferecem mais higiene e segurança ao manuseio de alimentos, além da resistência a riscos e manchas, o que conserva sua beleza por mais tempo.

← 531. Fácil manutenção

Engana-se quem pensa que o piso laminado deve ser usado apenas em quartos e salas. Ele também pode ser instalado em uma área de maior tráfego, como a cozinha. No entanto, a limpeza tem de ser feita apenas com produtos adequados e pano úmido.

← 532. Em busca de luz

Uma enorme janela ilumina o apartamento (com área social integrada); daí a utilização de uma persiana que cubra tudo, ideal para controlar o excesso de claridade.

Projeto: Duda Senna Foto: Divulgação

← 533.
Candy colors

Aos que não abrem mão de minimalismo e tons pastel, brincar com uma dessas cores em almofadas, quadros e parede mantém o estilo proposto de forma inovadora.

Projeto: Duda Senna Foto: Divulgação

↑ **534. Sem regras**

Uma única parede pintada e, sobre ela, quadros e prateleiras dispostos assimetricamente.

↑ **535. Poucos e bons**

Prateleiras fininhas e com itens decorativos pontuais criam uma bela composição.

Projeto: Duda Senna Foto: Divulgação

← 536.
Supervalorizado

Quer mesclar funcionalidades? Um só cantinho é painel de TV, home-office e penteadeira.

← 537.
Em sintonia

Até as laterais do cantinho ganham espaço para decoração. Prateleiras, nichos e ganchos para lenços complementam o espaço.

Projeto: Duda Senna Foto: Divulgaçnao

↑ **538. Outra proposta**

A básica luminária de teto pode ganhar reforço se virar combo de seis lâmpdas. Moderna e sofisticada.

↑ **539. Combinar**

A dupla de cores preta e branca ganhou uma companhia delicada e que realçou as tonalidades. Bem-vinda, cor-de--rosa!

Projeto: Duda Senna Foto: Divulgação

← **540. Invente**

Quarto pequeno não é sinônimo de falta de estilo: a cabeceira pode ficar mais bonita se virar apoio para quadros.

← **541. De onde menos se espera**

Não tem espaço para abajures? As lâmpadas podem cair do teto!

← **542. Para colorir**

Quer mais cor? Valorize sua roupa de cama com almofadas de cores, estampas e tecidos diferentes.

Projeto: Gabriel Magalhaes e Luiz Claudio Souza Arquitetos Foto: Divulgação

← **543.**
Para receber os amigos

O quarto de hóspedes pode ganhar uma decoração tão personalizada quanto qualquer outro cômodo. Invista nessa ideia e deixe seus convidados se sentirem acolhidos.

← **544.**
Leveza

Além de deixarem o ambiente mais moderno, itens de acrílico trazem uma sensação de amplitude, graças à transparência.

← **545.**
Para se jogar

Outra maneira de garantir mais conforto e estilo aos seus hóspedes é apostar em futons espalhados pelo quarto.

→ **546.** Rasgos

A parede pode ganhar tinta ou revestimento neutro, mas apostar num projeto luminotécnico inusitado e embutido também é uma boa pedida.

→ **547.** Arrisque

Misturar estilos distintos dentro do ambiente garante destaque para o décor. A poltrona moderna e a mesa lateral de madeira criam esse belo dueto.

→ **548.** Discreto

No cantinho, como um mero detalhe, o quadro pontua com sutileza a ambientação do cômodo.

→ **549.** Toque de cor

O perfil básico do dormitório foi pincelado pelas tonalidades e estampas da roupa de cama.

Projeto: Patricia Penna Foto: Divulgação

Projeto: Gabriel Magalhães e Luiz Claudio Souza Arquitetos Foto: Divulgação

↑ **550.** **Intervenção única**

Quer sair do senso comum e criar um quarto pra lá de estiloso? Contrate um artista ou grafiteiro para decorar sua parede.

↑ **551.** **Uma de cada lado**

Para um ambiente mais descolado, abra mão do tradicional criado-mudo e aposte em mesinhas mais modernas.

↑ **552.** **Menos cor**

Ao optar por uma parede que se destaque, cuidado ao escolher a cortina. Peças neutras são a melhor opção para não pesar no décor.

Projeto: Hildebrand Silva Foto: Divulgação

← **553.** **Todos juntos**

Dispor os quadros como numa fila, emendando uma moldura na outra, cria um efeito divertido.

← **554.** **Moderninho**

O quarto pode ser pequeno, mas um móvel multifuncional - cama e nichos unidos - faz toda a diferença.

← **555.** **Para animar**

É simples quebrar o branco predominante num cômodo e deixá-lo mais alegre: almofadas estampadas e coloridas acompanham com charme os pôsteres nessa missão.

Projeto: Hildebrand Silva Foto: Divulgação

← **556.** Cabe, sim!

Qualquer cantinho pode ganhar destaque. A estante de quina marca presença com suas prateleiras iluminadas.

← **556.** Puro charme

Maneira simples e eficaz de criar um cenário lúdico, adesivos na parede contam histórias e tematizam os espaços.

← **556.** 2 em 1

Faltou espaço para estantes e nichos? Crie saídas dentro de móveis indispensáveis, como a cama.

→ **557.**
Como ele quiser

Pergunte ao pequeno qual seu assunto preferido e dê essa cara ao quartinho dele. Vai ficar incrível!

Projeto: Hildebrand Silva Foto: Divulgação

Projeto: Maria Gabriella Cardinal Smaniotto Foto: Divulgação

← **558.**
Sobreposição

Painéis para TV podem ganhar destaque se posicionados sobre um papel de parede estampado.

Projeto: Maurucio Karam Foto: Divulgaçãoa

← 559. Você sempre quis

Aquela sua peça "sonho de consumo" pode deixar seu quarto mais bonito e fazê-lo querer passar horas nesse ambiente.

Projeto: Maurício Karam Foto: Divulgação

↑ 560. Das antingas

U móvel antigo pode mostrar mais sofisticação se a decoração do ambiente que o contém acompanhar o clima vintage. Perfumeiros são um saudosismo superelegante numa penteadeira.

Projeto: Mauricio Karam Foto: Divulgação

↑ 561. Glamour total

Mais incomuns em quartos, itens de cor preta imperam no ambiente com seu refinamento e austeridade.

Projeto: Maurucio Karam Foto: Divulgação

↑ 562. Conforto garantido

Uma poltrona confortável e vistosa garante aconchego para os momentos de leitura.

↑ 563. Sempre elegante

Atemporais para imprimir sofisticação, as boiseries valorizam qualquer quarto.

Projeto: Maurucio Karam Foto: Divulgação

↑ 564. Sóbrio

Pintar todo o ambiente e deixar teto e rodapé mais claros dá vida a um composê delicado.

↑ 565. Só dá elas

Cabeceiras clássicas e provençais garantem um toque de feminilidade ao ambiente e tornam-se o destaque de um cômodo.

↑ 566. Cor pontual

O enxoval azul-royal trouxe mais vitalidade ao espaço, tomado por tons sóbrios.

Projeto:Hildebrand Silva Foto: Divulgação

← 567. À sua maneira

A parede ficou em branco? Abuse da criatividade para que ela ganhe funções práticas e descontraídas.

Projeto: Mauricio Karam Foto: Divulgação

← 568.
Para mudar
Luminárias de teto ou abajures, sempre eles. Por que não uma descolada versão de piso?

Projeto:Mauricio Karam Foto: Divulgação

← 569.
Blackout
O efeito de quadro de um só tom - e bem escuro - pode ser surpreendente no seu dormitório.

Projeto: Maurucio Karam Foto: Divulgação

↑ 570.
Velhos tempos
A escrivaninha herança de família ganhou vez de armário e deu tom clássico ao quarto.

Projeto: Mauricio Karam Foto: Divulgação

↑ 571. Bela intervenção
Camas embutidas em armários, comuns nos anos 1990, podem ser reformuladas e ganhar estilo. Portas com boiserie inovam sem deixar de lato o tema tradicional do décor.

Projeto: Sam Lombardi Foto: Divulgação

← 572. Criatividade pura
A escadinha, os nichos de parede... Tudo aqui gahou ares de estante e o lugar do criado-mudo.

← 573. Arte sempre
Um quadro centralizado na parede acima da cama é uma sugestão clássica para valorizar uma parede sem cor.

Projeto: Sesso & Dalanezi Foto: Divulgação

← 574. Black and white

Criar um efeito de galeria de arte pode ganhar mais estilo se as imagens seguirem um padrão, como fotos em preto e branco.

Projeto: Sesso & Dalanezi Foto: Divulgação

↑ 575. Estilizado

Emoldurar coleções ou referências a hobbies, principalmente em quartos de adolescentes, é um belo estímulo ao desenvolvimento da personalidade.

↑ 576. Do seu jeito

O contraste de um revestimento diferente, como a laca vazada, agrega exclusividade ao projeto.

Projeto: Sesso & Dalanezi Foto: Divulgação

↑ 577. Na parede

Brincar com a parede do ambiente sempre rende boas surpresas. Aqui, o estofado de capitonê vai até o teto e acompanha a lousa branca.

↑ 578. Composé

O misto de madeira natural com madeira de cor branca faz uma composição delicada e suave.

↑ 579. Pendurado

O ponto de luz vindo do teto deixou o ambiente mais charmoso e equilibrado.

Projeto: Sesso & Dalanezi Foto: Divulgação

↑ 580. Teia de imagens

Por toda a parede do cômodo, cordões coloridos formam um divertido painel, perfeito para recados e fotos.

↑ 581. Arco-íris

Para compor uma paleta de cores descontraída, móveis de cores rosa e azul-turquesa são refletidos nos tons do enxoval.

↑ 582. Apoiado

Nichos acima de prateleiras são uma maneira inovadora de setorizar itens decorativos.

↑ 583. Formato funcional

A bancada de estudos unida à cama forma um L que cria um layout supermoderno para o quarto.

Projeto: Spaçp Interior Foto: Divulgação

← 584. Deu madeira

Ripas de madeira como cabeceira enaltecem a cama e agregam um estilo mais rústico ao quarto.

Projeto: Patricia Penna Foto: Divulgação

← **585.**
Prata

Molduras cromadas dão inegável toque elegante e executivo a um ambiente.

← **586.**
Arranjo de tons

Para um espaço com esse perfil, outros itens da decoração podem ganhar o tom de prata. Neste projeto, a cabeceira estofada foi a escolhida.

← **587.**
Superchique

Itens de pele sintética, como almofadas, tapetes e mantas, sempre pontuam quartos sofisticados com imponência.

→ **588. Geometria**

Móveis sob medida proporcionam inusitados cantinhos, como a parede revestida de papel de parede com faixas de MDF que formam uma estante simétrica.

→ **589. Sempre à vista**

Uma boa solução para deixar o ambiente mais personalizado e sempre organizado é instalar portas de vidro transparente no guarda-roupa.

→ **590. Ar retrô**

O letreiro luminoso já se tornou ícone decorativo. As iniciais do dono do quarto ficam muito bem representadas.

Projeto: FSesso & Dalanezi Foto: Divulgação

Projeto: Spaço Interior Foto: Divulgação

← 591.
Diferenciar

Texturizar paredes garante um ambiente tematizado e superexclusivo.

← 592.
Duo

Famosa dupla de cores do estilo náutico, branco e azul-marinho deixam a composição supervalorizada.

Projeto: Spaço Interior Foto: Divulgação

← 593.
Artes plásticas

Revestir todas as paredes e seguir a linha de algum artista que adora? Sim, é possível. o pintor Mondrian ficaria orgulhoso deste quarto.

Projeto: SP Studio Foto: Divulgação

↑ 594. **Um charme!**

Armários podem ganhar ar de cabeceira e rodameio e ainda abrigam um décor cheio de estilo.

↑ 595. **Natureza**

Plantas e um pouquinho de verde são boas pedidas para trazer boas energias e vivacidade a um ambiente.

Projeto: Spaço Interior Foto: Divulgação

← 596. **Destaque refinado**

Pendurado ao lado da cama, o lustre de cristal se torna o ponto alto deste projeto.

← 597. **Área setorizada**

A cabeceira portátil permite que a cama sirva como divisória entre quarto e closet.

Feira de novidades

Tapetes, revestimentos, luminárias, pufes e armários: vale tudo para deixar o quarto com seu estilo. Confira a seleção de produtos e faça as escolhas certas.

← 598.
Armário da bisa

Pontuar o décor do quarto com um item vintage é uma maneira especial de trazer história e estilo para o seu cantinho. Invista em cores inusitadas e puxadores resistentes. Da Maria Pia Casa.

← 599.
Luz e charme

Com base de couro e cúpula de tecido, a sua penteadeira vai ficar incrível. Da Luhome.

← 600.
Pézinho

Pés-palito são atemporais e fazem bonito num pufe. Que tal colocar esse móvel no centro do seu closet? Da Luhome.

← 601. Charme do campo

Mantinhas ficam bem aos pés da cama, aquecem os pés e complementam a roupa de cama com sofisticação. Ambas da Empório Beraldin.

← 602. Harmonia de cores

Um mix de texturas, cores e estampas vai bem no enxoval e deixa a ambientação completa.

← 603. Despojado

Jogar as mantas sobre as poltronas e recamier também cria um ar intimista na decoração. Vale tentar!

↑ 604.
Country

Se a ideia é deixar o cômodo com um ar mais descontraído e rústico, apostar em almofadas com franjas é uma referência bacana da moda, que cabe perfeitamente no universo da decoração. Da Luhome.

↑ 606. Revestir

Que tal dar um colorido aos painéis? Com temas, cores e tamanhos diversos, é possível deixar o espaço personalizado.

↑ 607. Exclusivos

Os mosaicos são peças especiais, que criam novos universos nas paredes e nos pisos dos espaços. Ambos são da Colormix.

↑ 608. Vidro mais resistente

Nesta composição, a escolha foi por tons complementares e suaves. Ideais para um quarto infatojuvenil, temas como Espaço Sideral e O Pequeno Príncipe se encaixariam perfeitamente.

← 605.
Chique e divertida

A famosa estampa zigue-zague, mais conhecida como chevron, não pode faltar em quartos e closets moderninhos. A base de ferro torna a peça ainda mais versátil. Da Uatt?

← 609.
Luxo e elegância

A mesinha revestida de couro azul-marinho não tem erro: perfeita para quartos que buscam requinte. Da Luhome.

← 610. Revestimento estilizado

Para ambientes personalizados e que visam à calmaria, as peças foram produzidas na Espanha. Da linha Vodevil para a Colormix, são porcelanatos com um ar clássico, indicados para piso e parede.

← 611. Reutilize

Reaproveitar móveis antigos e revesti-los com novos tecidos é sempre uma boa ideia para criar pufes, poltronas e banquetas personalizados. Da Empório Beraldin.

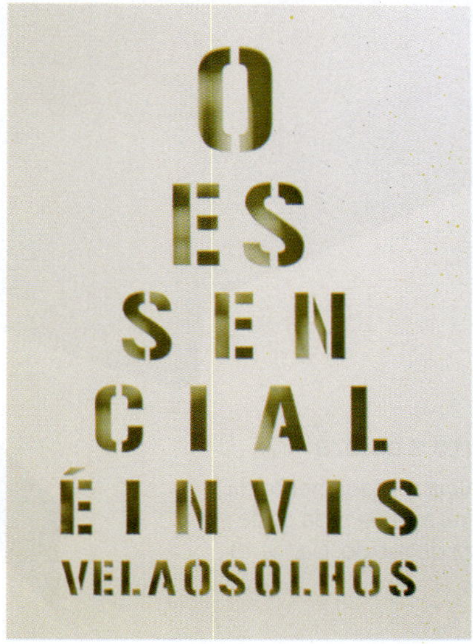

← 612.
Retratos e mimos

O porta-retrato é um clássico da decoração. Aqui as lembranças enquadradas com charme e cabem em qualquer estilo. Da Luhome.

← 613.
Na parede

Quadros e pôsteres representam, muitas vezes, idelogias, gostos e vontades dos moradores. A ideia ao escolher esses itens é que eles falem por você. Da Uatt?

← 614.
Estilo hollywoodiano

Para compor com a decoração e personalizar o espaço, itens inusitados - como refletores ganhando vezes de luminária - vão chamar a atenção. Da Tok&Stok.

↑ 615. Show de cores

Estampas geométricas no tapete agregam efeito lúdico e autêntico ao ambiente. Vale apostar num só cantinho para não sobrecarregar a ambientação. Da Punto e Filo.

← **618.**
Requinte

Ao lado da cama, nem só o criado--mudo ganha destaque. Invista na luminária e leia com mais estilo. Da Maria Pia Casa.

← **619.**
Para decorar

Se for criar uma bancada de home--office dentro do quarto, escolha itens elegantes para integrar ben os estilos.

← **616.**
Conforto e beleza

Para realçar o acabamento da cabeceira, a cama toda pode ser revestida de tecido. Da Sierra Móveis.

← **617.**
Bem-pensado

Tonalidades mais neutras em camas e cabeceiras aceitam mais ousadia na escolha do enxoval.

← **620.**
Deu listra!

Apostar na estampa listrada traz um efeito dinâmico ao quarto e parece ampliar o espaço. Tons neutras, mais claros ou mais escuros, não pesam tanto no ambiente. Da Colormix.

← **621.** **Bancada prática**

Uma poltrona confortável garante horas agradáveis de leitura ou filmes. Tudo sem nem mesmo sair do quarto. Da Sierra Móveis.

← **622.** **Fácil manutenção**

A limpeza de tecidos como suede tem de ser feita somente com produtos adequados e pano úmido. Fique de olho!

← **623.** **Do seu jeito**

Almofadas estampadas quebram a austeridade de móveis de tons mais básicos e brincam com informações e gostos pessoais do morador. Da Dalmau.

← 624. Parede linda

Quartos com ambientação mais rústica - por vezes no campo ou na praia - podem ganhar paredes estilizadas, com pedras como canjiquinha, por exemplo. Da Colormix.

← 625. Pontual

Os melhores locais para instalar revestimentos sem deixar de lado o ar mais básico do dormitório são as paredes atrás da cama, de uma estante ou de uma bacanda de estudos.

← 626. Para enfeitar

A parede não precisa ficar sozinha! Mesmo texturizada, quadros e espelhos são bem-vindos.

← 627. Espelho, espelho meu

No closet, na penteadeira ou em qualquer lugar do quarto, eles são lindos com suas mais variadas formas e molduras. Da Maria Pia Casa.

← 628. Duas propostas

Para realçar o acabamento da mesinha de pés de madeira, o MDF branco traz leveza e um ar contemporâneo. Da Oppa Design.

← 629. Bem-iluminado

Um chique descolado, a luminária de base de vidro enriquece o estilo do móvel com seu perfil rústico. Da Luhome.

← 630. Construindo uma ilha

Para adoradores de uma decoração clássica, a poltrona estilo Luis XV é coringa. Da Sierra Móveis.

← 631. Luxo total

Uma ambientação luxuosa requer um abajour modelo antigo, com base revestida nobremente. Da Espaço 204.

← 632. Sugestão chic

As bandejas do closet podem ser estilizadas e mais alongadas, criando um ar vistoso às penteadeiras. Da Luhome.

← 633. Contraste

O tom de burgundy misturado às hastes metalizadas destaca a peça e traduz bem sua sofisticação.

← 634. Parte importante

Lembre-se de escolher a tonalidade do seu papel de parede de acordo com os móveis e itens decorativos.

← 635. Delicados

As estampas de arabesco são ótimas escolhas para quartos de perfil romântico.

← 636. Tom sobre tom

Um mix suave de tons complementares faz bonito numa ambientação mais séria e clean.

← 637.
Composição
A mistura de cores fortes com suaves cria cenários primorosos. Revestir almofadas e descombiná-las é uma boa ideia.

↑ 638.
Aposte nelas!
Almofadas na cama, na poltrona, sobre o sofazinho do closet.... Elas nunca são demais.

↑ 639.
Misturar
Dentro de uma mesma paleta, o mix de tons e o jogo de neutro com estampado dão bons resultados. Da Luhome.

↑ 640. Inovador
Aplicações de couro deram aparência austera e, ao mesmo tempo, inusitada para a cama. Da Sierra Móveis.

↑ 641. Marrom-escuro
Acessórios mais escuros completam com elegância espaços em que tons claros são predominantes. Fica a dica!

← 642. Sob medida
Se a área da penteadeira não comporta uma cadeira ou banqueta, um pufe baixinho pode facilmente se encaixar embaixo dela. Da Luhome.

← 643. Não erre
Se o estilo do seu quarto é mais campestre e com poucas cores, não hesite: revstimento de couro sempre é sinônimo de bom gosto.

← 644. Cor certa

Para dar aquele jeitinho delicado, autêntico e um pouco vintage, o tom verde-água é super--indicado.

← 645. Delicadeza

Ganchos e cestinhas de ferro marcam presença em portas e espaços do closet e do quarto.

← 646. Sempre na moda

Para completar o cenário retrô-provençal, espelhos com borda rococó são atemporais.

← 647. Ponto de luz

Todo branco, mas com base de design lúdico, o criado-mudo vai ganhar companhia estilosa.

← 648. Dose dupla

Luminárias de perfil mais leve e delicado podem ser repetidas do outro lado da cama, fazendo uma duplinha nos criados-mudos.

← 649. Modernas

Poltronas com desgin inovador se destacam mesmo em tons neutros. Da Espaço 204.

← 650. Por que não?

Para ambientes com mais espaço e até mesmo um cantinho da leitura, aposte numa poltrona neutra e ouse nas almofadas.

← 651. Pelo mundo

Quartos personalizados pedem referências aos hobbies de cada dono. Que tal um pôster de mapa-múndi para planejar futuras viagens? Da Maria Pia Casa.

← 652. Você escolhe

A ideia vale para outros temas: quadros de fotos, de tickets de lugares visitados, de ingressos de show...

← 653. Que tal?

Para a área do closet, invista num quadro menos sério e aposte nas suas ifluências de moda e estilo.

← 654.
Ouro
Almofadas de estilo clean merecem uma pincelada de estilo. Bordas douradas são puro luxo.

← 655.
Na moda
O couro de avestruz saiu das bolsas e dos sapatos e aparece em itens do décor. Da Artefacto.

← 656.
Etnias
A ideia de um ambiente étnico nunca esteve tão em alta. Laranja, marrom e vermelho são cores comumentes presentes para compor o estilo. Da Maria Pia Casa.

← 657.
Faça-você-mesmo
Viagens pelo mundo, feiras-livres, brechós... Pode ser mais fácil do que imagina escolher um tecido bacana e revestir seu próprio pufe.

← 658.
Escolha o seu
Ganchos divertidos podem ser colocados por todo o closet para segurar, com charme, bolsas e acessórios. Da Le Lis Blanc Casa.

← 659.
Portas de vidro
Vale colocar os ganchinhos no interior de armários ou em cômodas. Abuse da criatividade!

↑ 660.
Ideia show

Personalizar o ambiente é a chave para se sentir feliz dentro do quarto. Plaquinhas de carro com mensagens são superdescoladas. Da Maria Pia Casa.

↑ 661.
Bem-pensado

Una as frases, ou até mesmo datas, e crie um composé divertido.

← 662.
Linda e funcional

Apostar numa mesinha lateral para substituir o criado-mudo é uma saída prática e que ocupa pouco espaço. Da Meu Móvel de Madeira.

← 663.
Cool

A base colorida com pés de madeira garante um ar moderninho.

← 664.
Mude!

Algumas versões tem tampa removível e podem sofrer alterações de cores e materiais, sempre que você desejar.

← 665. Mistura de estilos

Estampas de arabesco são atemporais e um criam um cenário misto de elegância e contemporaneidade.

← 666.. Sempre eles

Aposte no preto e branco para revestir a parede ou o piso. Dupla sofisticada e atemporal.

← 667.. Vale tudo

Pendurar azulejos como quadros é uma maneira exótica e descontraída de decorar.

← 668. Mix

Misture tecidos, estampas e cores. Descombinar é muito legal. Da Empório Beraldin e Punto e Filo.

← 669. Pontual

A dupla branco e preto recebe bem tons de azul.

← 670. Para enfeitar

Estampas geométricas estão em alta. Listras, triângulos e afins imprimem charme ao décor.

← 671.
Olha ela!

Estantes não só ajudam a organizar como podem ser o ponto alto da decoração. Da Uatt?

← 672.
Privado

Como gavetas empilhadas, o móvel armazena os itens sem deixá-los expostos.

← 673.
Reflita

Espelhos são pontos charmosos em qualquer decoração, além, de trazer a nítida sensação de ampliação de espaço.

← 674.
Ousar

Que tal explorar molduras bacanas? O provençal, quando em tons fortes, pode ser bem moderno. Da Uatt?

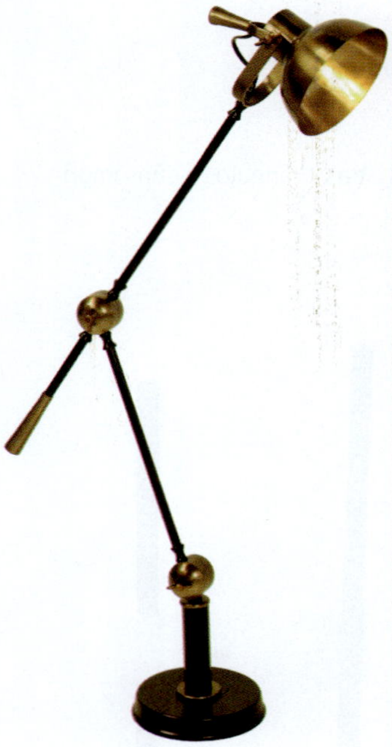

← 675. Lux pontual

Para ambientes mais austeros e com escrivaninhas vintage, mantenha uma luminária de mesmo padrão. Da Westwing.

← 676. Refinado

A base de madeira é perfeita para acompanhar o dourado fosco.

← 677. No criado-mudo

Ao lado da cama, a luminária também é bem-vinda.

← 678. Uau!

Fotos merecem ser expostas com estilo. Que tal a estampa crocô? Da Luhome.

← 679. Delicadamente

Para não pesar o ambiente, invista em objetos pontuais para ter estampas mais elaboradas.

← 680. Moderno

Um rodameio pode apresentar um charmoso relevo e ganhar mais destaque no ambiente. Da Cerâmica Portinari.

← 681. De leve

Ambientes clean ganham mais estilo com detalhes como estampas e texturas.

← 682. Chique

Almofadas de pele sintética trazem um tom especial e refinado ao ambiente.

← 683. Você faz o mix

Para que a decoração tenha equilíbrio, invista em misturar modelos diferentes de almofadas. Ambas da Luhome.

← 684. Boa ideia

O closet também merece receber belas almofadas em seus pufes e minissofás.

← 685.
Lindo

Para compor o enxoval, invista em leçóis leves e modernas para receber mantas de tricô. Da Empório Beraldin.

← 686.
Conforto

Aos pés da cama ou sobre uma poltrona, as mantas deixam qualquer quarto mais aconchegante.

← 687.
Elegante

Aposte numa bela poltrona para momentos de leitura e descanso em seu quarto. Da Espaço 204.

← 688.
Um luxo

O couro é um material nobre, de fácil manutenção e com cores sofisticadas.

← 689.
Escolha a sua

Cabeceiras vistosas se tornam o destaque do quarto e complementam o estilo da cama.

← 690.
Sucesso

As versões clássicas, como toda bege ou preta e branca, são garantia de elegância. Da Sierra Móveis.

← **693.**
Complementos
Aposte em misturar estilos. Não tenha medo do moderno com o provençal.

← **694.**
Na parede
A moldura de um espelho pode compor verdadeiros cenários e inovar a ambientação. Da Maria Pia Casa.

← **691.**
Conforto e beleza
Para realçar o acabamento da cabeceira, a cama toda pode ser revestida de tecido. Da Sierra Móveis.

← **692.**
Bem-pensado
Tonalidades mais neutras em camas e cabeceiras aceitam mais ousadia na escolha do enxoval.

← **695.**
Deu bege!
A cor é sempre base para qualquer quarto. Vale manter tudo na mesma tonalidade ou pincelar o ambiente com cores mais alegres.

← **696.** Cores sutis

Pufes são aliados em quartos e closets. Quanto mais criativos e alegres, melhor. Da Westwing.

← **697.** Contraste

Atrás das almofadas, o tom bege prevalece e pode criar um contraponto para as cores.

← **698.** Inove

Almofadas acompanham os pufes e podem ser parte de um ambiente de perfil rústico mais modernizado.

← 699. Uau!

Sim! Revestimentos de tecido podem compor seu quarto!

← 700. Sempre belo

Além das tradicionais texturas para revestimentos da parede, um desenho de arabesco também pode ser muito bonito.

← 701. Maquiando

A parede da penteadeira, dentro ou fora do closet, pode ganhar um fundo charmoso e texturizado.

← 702.
Meu provador

Com ar vintage e extremamente feminino, forma um belo cantinho para se trocar dentro do closet.

← 703.
Centralizado

Pufes mais largos ganham mais visibilidade quando colocados no centro do closet. Da Luhome.

← 704.
Bem-vestido

O revestimento parece picotado e ganhou um tom alaranjado, pouco explorado em pufes de closets, geralmente mais sóbrios.

↑ **705.**
Menos é mais

Quadros de fotos de viagens podem tornar a parede do quarto - ou daquele cantinho de estudos - mais personalizada. Da Tok&Stok.

← **706.**
Você faz

SE preferir, imprima pôsters e figuras de banco de imagens. Crie um cantinho com seus sonhos.

↑ **707.** Funny

Corujas não habitam somente decorações infantis. Invista nelas para uma ambientação bem divertida. Da Dalmau.

↑ **708.** Tente!

Misture estampas improváveis e surpreenda-se.

↑ **709.** Neutralize

Nesta composição, as cores são mais intensas. Por isso, aposte num jogo de lençóis mais básico e de tons leves.

← **710.**
Renovar

Que tal revestir aquela poltrona antiga com um tecido bem quentinho e reforçado? Vale também criar sua pópria manta. Muito acolhedor!

← **712.** Retrô

Maletas vintage sempre complementam a decoração com aspecto misterioso. Da Maria Pia Casa.

← **713.**
Só seu

No closet podem guardar acessórios variados e garantir um clima mais intimista.

↑ **714.**
Estiloso

Parece um porta--retrato, mas é um nicho pra lá de lúdico. Da Uatt?

← **715.**
Atemporal

Sim, um espelho oval e bem básico. Sempre é tempo de investir no clássico. Da Tok&Stok.

↑ **716.**
Múltiplas funções

Item tradional, o recamier complementa camas, poltronas e áreas do closet.

← 719.
Pele fake
Em ambientes rústicos a até nos mais elegantes, a pele sintética é sempre sinônimo de bom gosto. Da Luhome.

← 720.
Campestre
Com pés de madeira e tons terrosos, este pufe é ideal para quartos em casas de campo.

← 717.
Dueto
Pele sintética e camurça se complementam, formando um belo mix de tecidos. Da Luhome.

← 718.
Para os dois
Tonalidades mais neutras e, principalmente, o marrom contribuem para que a ambientação seja unissex.

← 721.
Luxuoso
Monte sua bandeja de perfumes e dê destaque a ela. Esta é a bandeja de madeira com pés de metal. Da Luhome.

← 722. Surpresa
Uma mistura inesperada: a moderna estampa chevron com contorno de ouro-velho.

← 723. Ornar
A prova de que modismos e peças tradicionais podem conversar aparece no porta-retratos. Da Maria Pia Casa.

← 724. Estilos
Inspire-se no estilo do item decorativo para compor todo o cenário do seu quarto.

← 725. Clássicos

Um degradê de tons e estampas mostra como pode ser versátil sua escolha de revestimentos para enxoval e móveis, como a poltrona.

← 726. Na parede também

Os papéis de parede podem se complementar e cada desenho pode compor uma das paredes. Ousada mistura!

← 727. Para mesclar

A poltrona com um tecido e estampas; as almofadas e pufes com outros. Que tal?

← 728.
Para os pés

Pequeno, porém notável. Ótimo item para o closet, ele te ajuda a calçar sapatos. Da Luhome.

← 729.
Muita pele!

Para quem não tem medo de ousar, vale unir pufe, almofada e tudo mais que quiser!

← 730.
Espaçoso

Quando maior o pufe para a área do closet, mais conforto para escolha de roupas e acessórios. Da Luhome.

← 731.
Suavize

Móveis predominantemente brancos, no closet, recebem com mais equilíbrio peças como esta.

← 732. Vale resgatar

Porta-retratos de madeira e pedras. Combinação apaixonante do tempo de nossas avós. Da Maria Pia Casa.

← 733. Delicadeza

Pérolas e pedras pontuam com requinte itens decorativos.

← 734. Puro charme

Misturar pedras com cores e estampas mais modernas faz um interessante mix entre contemporâneo e retrô.

← 735. Belos passos

Pisos trabalhados servem de palco para um ambiente elegante. Da Cerâmica Portinari.

← 736. Dose dupla

Esta tonalidade recebe com primor diferentes cores e estilos decorativos.

← 737. Moderno

Superdivertido, o painel para lembretes enumera dias da semana. Que tal levá-lo para sua área de trabalho?

← 738. Tão legal

O fundo de cada moldura recebeu estampa e cor diferentes. Da Maria Pia Casa.

← 739. Formatos

Mais mole e neutro, este pufe é feito de linho. Da Luhome.

← 740. Trabalho confortável

A bancada de trabalho foi montada dentro do seu quarto. Nada mais justo do que ter muito conforto. Que tal um pufe logo aos pés da sua cadeira?

← 741. Sugestão

Ele pode também atuar como peso de porta e fazer bonito na decoração.

← 742.
Seus acessórios
Para guardar chapéus e cintos, vale apostar numa maleta forte e duradoura - que mantém a estrutura dos itens. Da Maria Pia Casa.

← 743.
No quarto
Se não houver espaço no closet, deixe-a no pé da cama e ganhe em estilo.

← 744.
Qual é o seu?
Colorir e abusar de estampas étnicas é perfeito para quartos modernos, personalizados e rústicos. Da Punto e Filo.

← 745.
Só deu ele
Se o tapete aparece como centro das atenções, fica mais prático e econômico montar o restante da decoração.

← 746.
Integração
Muitos quartos acabam integrados com outros ambientes, no caso de lofts. Nesses casos, invista em misturar papéis de mesmo modelo e cores diferentes.

← 747.
Tudo básico
Se for difícil ornar as cores do quarto com as do banheiro ou closet, não pense duas vezes: vá de neutro!

Manutenção

Além de escolher os móveis e acessórios corretamente, é importante manter o quarto e o closet limpos e organizados. Confira as sugestões.

→ 748.
Primeiro passo

Fique de olho nos produtos de limpeza! Antes de usá-los, verifique a composição química e compatibilidade com o tipo do seu móvel.

→ 749.
Pela janela

Cuidado com os raios solares! Eles não podem incidir diretamente sobre os móveis, já que alteram a cor original. Sua cortina está ali para protegê-los.

→ 750.
Item importante

Lustra-móveis coloridos e até mesmo alguns tipos de cera podem deixar manchas no seu mobiliário.

→ 751.
Manutenção

Itens de acrílico, como a cadeira deste projeto, necessitam de atenção especial. Procure o produto certo para o material.

Projeto: Anna Maria Parisi Foto: Divulgação

Projeto: Mandril Arquitetura Foto: Divulgação

← 752. No espelho

Comece a limpeza dos espelhos usando um espanador para a retirada de pó. Assim, ficam de fora resíduos que podem riscar o material.

← 753. Cautela

Não jogue jatos de produtos, ou mesmo de água, diretamente no espelho. Isso pode danificá-lo.

Projeto:Anna Maria Parisi Foto: Divulgação

← 754. Cuide bem

Para manter uma estante sempre bonita e vistosa, passe uma flanela seca regularmente nos livros, evitando o acúmulo de poeira.

Projeto: Mandril Arqu Foto: Divulgação

← 755. Cada cantinho

Para evitar que prateleiras volantes - com laterais de aço - enferrugem, é aconselhável aplicar sobre elas um produto contra ferrugem e esfregá-las com palha de aço.

← 756. No lugar

Para organizar produtos de limpeza e tê-los à mão, vale guardá-los em compartimentos específicos.

Projeto: B + R Arquitetura Foto: Divulgação

Projeto: Anna Maria Parisi Foto: Divulgação

← 757. Bem fácil

As almofadas de algodão podem ser lavadas na máquina, com uma mistura de água e sabão neutro e levadas para secar à sombra.

← 758. Detalhes

Antes de lavar as capas, atenção às áreas manchadas ou sujas. Use um produto pré-lavagem ou esfregue a mancha com uma esponja úmida e detergente neutro.

Projeto: Marcelo John Foto: Divulgação

← 759. Sem fungos!

Evite que o mofo chegue aos seus armários. Guarde somente roupas e sapatos que estejam totalmente secos. Deixar as portas abertas uma hora por dia também ajuda a arejar o espaço e as peças.

← 760.. Ar puro

Não deixe de fazer, anualmente, a manutenção do seu ar-condicionado.

← 761.. Com delicadeza

Para pintar paredes pintadas com tinta fosca ou semibrilho, umedeça a sujeira com uma esponja molhada e com um detergente neutro; depois, esfregue cuidadosamente.

ProjetoDuda Senna Foto: Divulgação

↑ 762. Sobre os móveis

Para cuidar bem da sua cortina de voil, lave-a com sabão líquido de coco. Se for branca, durante o enxágue, adicione uma colher de sopa de bicarbonato.

Projeto:Duda Senna Foto: Divulgação

← 764. Piso sempre novo

Um piso bem preservado é fruto de atenção. Não arrastar objetos que não auxiliam na limpeza é uma boa dica.

← 765. Para brlhar

Para a limpeza de itens decorativos que sejam cromados, aposte numa flanela seca. Se precisar remover sujeiras, opte por um limpador multiúso.

Projeto: Hildebrand Silva Arquitetura Foto: Divulgação

↑ 763. Prolongue a beleza

Manter o brilho de uma parede de cimento queimado - e ainda deixá-la sem manchas! - pode ser muito simples: aplique cera incolor regularmente.

Projeto: Leo Shehtman Foto: Divulgação

← 766. Cuidados certos

Não use produtos abrasivos, como saponáceo e esponja de aço, em peças de madeira. Isso pode arranhar o item.

Projeto: Márcio Campos Foto: Alexandre Dotta

← 767. Bem ao lado

Ao limpar espelhos próximos a outros materiais, como estofados e móveis, cuidado para que os produtos de limpeza não os manchem.

← 768. De olho

Para limpar a persiana do tipo rolô, desenrole-a completamente e aspire-a dos dois lados com bocal de escova.

← 769. Na medida

Esponjas ásperas e palhas de aço podem riscar os móveis. Escolha com cautela.

← 770. Tecidos

Mantenha cabeceiras e revestimentos de tecido sempre bonitos. A dica é impermeabilizá-los para facilitar a limpeza.

← 771.
Planeje

Lembre-se de checar, antes de qualquer limpeza, se o seu papel de parede é lavável ou não. Os vinílicos são opções laváveis.

← 772.
Atenção sempre

Fique atento para não manchá-lo ou rasgá-lo. Comece com uma limpeza a seco, usando um pano limpo, aspirador de pó ou espanador. Não use produtos químicos nem abrasivos. Se o modelo for vinílico, coloque algumas gotas de detergente neutro em um balde com água morna e mexa até formar espuma. Use uma esponja macia e depois seque com pano seco.

→ 773.
Pense nisso

A manutenção de revestimentos de capitonê é mais difícil, graças à presença de seus gomos. Impermeabilização facilita bastante.

Projeto: Sesso & Dalanezi Foto: Divulgação

Projeto: Spaço Interior Foto: Divulgação

← 774.
Guardados

Áreas de home-office necessitam de muitos cuidados, como armazenar em gavetas e compartimentos itens como canetas e grampeadores. Eles podem manchar e arranhar os móveis.

Projeto: Sesso & Dalanezi Foto: Divulgação

← 775. Vá com calma

Não coloque muito peso sobre os móveis e evite seu desregulamento. Vasos e quadros leves já criam um belo cenário.

← 776. Impecável

Para a limpeza de móveis de laca, opte por um pano embebido em água com um pouco de amoníaco. Isso ajuda a manter o brilho do material.

Projeto: Maurício Karam Foto: Divulgação

← 779. Saiba escolher

Ainda que os móveis sejam espelhados, para a manutenção invista em produtos de limpeza que são próprios para vidros.

← 780. Tecnologias

O acúmulo de poeira em computadores pode ser fatal. Periodicamente, use pano seco nele.

Projeto: Mariane Trevelin Foto: Divulgação

← 777. MDF

Para evitar que móveis de MDF, de tonalidade branca, fiquem amarelados, é essencial que se usem os produtos indicados para a limpeza do material.

← 778. Minuciosos

Evite limpar vidros e espelhos em dias de sol, para não causar manchas. Prefira dias nublados ou feche as cortinas.

Projeto: Sam Lombardi Foto: Divulgação

← 781. Cuidado redobrado

Para almofadas de peles sintéticas, muita atenção. Nada de máquina de lavar! Deixe-as de molho em um balde com uma mistura de água e sabão neutro e depois esfregue-as com delicadeza.

← 782. Ao ar livre

Na hora de secá-las, deixe-as na sombra. Não coloque-as na secadora, nem utilize o ferro de passar.

Projeto: Maria Gabriella Cardinal Smaniotto Foto: Divulgação

← 783. Portas abertas

Apostar em closets cujos armários não têm portas é uma boa pedida para manter boa ventilação e evitar o mofo.

← 784. Nos cantinhos

Puxadores embutidos no armário pedem limpeza minuciosa, já que resíduos podem ficar parados ali.

← 785. Dica esperta

Dentro de closets e armários, evite deixar itens molhados - como toalhas, por exemplo. Com o tempo, a umidade causa danos.

Saiba calcular!

Para começar um projeto do quarto ou do closet especial, é fundamental ter controle dos gastos e saber o que você pode comprar.

PProjeto: Gabriela Oliveira e Karina Guidolin Foto: Divulgação

← 786.
O que você busca?

Primeiramente, determine tudo o que gosta e não gosta para esse ambiente. Vale pensar desde a cor do piso até a estampa das almofadas.

← 787.
Quanto você tem?

Depois de definido seu estilo e um possível tema, faça as contas. Saiba quanto pode gastar no total e quais são suas prioridades dentro desses espaços.

← 788.
Reaproveite

Procure saber se você já tem móveis ou itens de decoração que vão ser usados no novo projeto. A cada peça que já tenha, debite um valor aproximado da sua conta total.

→ 789. Marcenaria

Se seu espaço é reduzido ou você ideializa um quarto mais específico, o mais apropiado é procurar um marceneiro. Comece a pesquisar e peça indicações!

→ 790. Pesquise

Se ficar difícil idealizar seus ambientes - e você não vá contar com a ajuda de um arquiteto ou designer de interiores -, visite o showroom de lojas da área e inspire-se.

→ 791. Distribuição

Pense onde cada móvel vai ficar e o que cabe exatamente na sua planta. A partir daí, algumas vontades podem ganhar novas formas e tamanhos.

Projeto: Fernanda Marques Foto: Divulgação

Projeto: Fernanda Marques Foto: Divulgação

← 792. Pense no passado

Móveis de segunda mão podem ser uma boa saída para economizar. Além de bonitos e vistosos, podem ser encontrados em antiquários ou na casa de um familiar.

Projeto: Diego Revollo Foto: Divulgação

← 794. Quanto custa um profissional?

Contratar um designer de interiores normalmente requer 6% do valor total de um projeto. Eles também podem cobrar por hora de trabalho. Lembre-se de que eles procuram ajudar com dicas para que você gaste menos, com mais conforto e durabilidade.

Projeto: Figoli-Ravecca Foto: Divulgação

← 793. Detalhes

Planeje onde cada tomada, interruptor e fiação devem ser feitos previamente. Assim, evitam-se dores de cabeça futuras e permitemseum projeto mais bonito, em que apareçam pouco.

Projeto: Mauricio Karam Foto: Divulgação

↑ 795. Minimalismo

Inspire-se na máxima de que "menos é mais". Você mantém um quarto clean e bonito e só gasta com o essencial.

Projeto: Mauricio Karam Foto: Divulgação

← 796. Ventilação

Cheque se as entradas de ar estão como gostaria e avalie se será preciso realizar obras ou instalar ar-condicionado.

← 797. Atenção!

A parte hidráulica de outros cômodos deve ser avaliada, para que em possíveis obras não interfira nos quartos.

Projeto: Raduan Foto: Divulgação

← 798. Otimize

Se o cantinho for muito pequeno, não tem problema! Invista em móveis compactos, integrações e muitos espelhos. Vale colocar tudo isso no papel e checar se vale mais a pena comprar pronto ou mandar fazer.

← 799. Vá com calma

Um passo de cada vez, sem atropelar seus gastos. Não se esqueça disso e conseguirá terminar seu quarto por completo.

← 800. Anote!

Crie listas com tudo de que precisa e o que já tem ou comprou. Elas ajudam muito.

← 801. Calcule!

Tenha sempre uma calculadora em mãos.

Projeto: Karina Arruda Foto: Adriana Barbosa

← 802. Na ponta do lápis

Se o orçamento estiver apertado, é importante priorizar o gasto, ou seja, gastar em coisas úteis e essencias para o ambiente. Gastar com bons móveis é uma escolha inteligente, afinal, eles durarão por anos.

Projeto: Marina Priolli Foto: Divulgação

↑ 803. Vá de colorido!

Uma das premissas da decoração é que a cor muda um ambiente. Ao comparar com outros elementos decorativos, pintar um móvel ou uma parede custa pouco.

Projeto: Raduan Arquitetura Foto: Divulgação

← 804. Luzes

Um dos pontos crucias de um quarto é a sua iluminação. Atente-se, desde o início, ao projeto luminotécnico e reserve o dinheiro necessário para o que pretende fazer.

← 805. Praticidade

Invista em móveis e peças multifuncionais e ganhe tempo.

Projeto: Mandril Arquitetura Foto: Divulgação

806. Pinte você mesmo as paredes! Se você for habilidoso pode até criar estampas.

807. Antes de colocar a mão na massa, pesquise a paleta de cores e veja se ela combina com o edredon, almofadas e cortinas do quarto.

808. Crie moldes para te ajudar e desenhe na parede. Superpersonalizado!

809. No lugar do papel de parede - que pode sair mais caro - uma boa ideia é aplicar tecido com cola diretamente nas paredes.

810. Adesivos de parede também são opções econômicas. Algumas lojas imprimem o que você quiser.

811. Cúpulas de abajours pode serm customizadas. Uma saída rápida e barata pra trazer aquele charme especial ao quarto, reaproveitando o que já tinha.

812. Outra coisa que muda o clima de um ambiente sem doer no bolso são as luzes pisca-pisca de Natal Pendure-as no varão da cortina, na cabeceira da cama ou na moldura das janelas.

813. Quer reformular uma cômoda? Só de trocar os puxadores ela já vai ganhar outra cara.

814. Use tinta ou papel adesivo e forre a frente e o fundo de gavetas velhas. Nem precisa pintar o móvel todo para que ele fique renovado.

815. Se não quiser gastar com cabeceiras, pallets de feira podem ser bons aliados e transformar seu quarto. Uma lixa e uma camada de tinta deixam eles como novos.

816. Dá para imprimir em casa suas fotos preferidas e criar um mural superbacana e personalizado - sem investir muito.

817. Se comprar quadros não está nos planos, escolha alguns pôsteres e imprima em casa.

818. Se chegar a conclusão que o orçamento está apertado... que tal experimentar trocar os móveis de lugar? Você vai ficar se surpreender com a cara nova que seu quarto vai ganhar.

819. Optar por peças de mostruário e móveis reversíveis ou multifuncionais ajuda bastante na redução de gasto.

820. Pinte somente uma parede do ambiemte com tinta-lousa. Gasta-se pouco e diverte-se muito.

821. Caixotes de feira podem ser reutilizados como nichos ou prateleiras - vale usar na cor natural ou pintá-los.

822. Visite um antiquário. É um passeio interessante e que pode render boas supresas e economia.

823. Visite sua cozinha. Muitos itens, como boels, pratos e copos, podem fazer bonito na composição da sua prateleira.

824. Crie listas de prioridades para você, num quarto ou closet, e procure segui-la.

825. Para a decoração, peças de artesanato são ricas em detalhes e têm um preço bastante acessível.

826. Plantas deixam o ambiente mais bonito, vivo e podem ser mantidas por muito tempo com baixo custo.

827. Utilize peças confeccionadas a partir de elementos e materiais reciclados.

828. Fique atento ao calendário de liquidações interessantes para comprar peças com descontos.

829. Se não puder mudar muito a decoração, apenas troque as capas das almofadas e veja quanta diferença!

830. Você pode improvisar na iluminação e usar novos materiais para criar luminárias inusitadas e divertidas, como garrafas, copos e vasos.

831. Se seu quarto ou closet necessitam de reforma, refaça todas as contas e deixe itens mais superficiais para comprar somente no futuro.

Projeto: Duda Senna Foto: Divulgação

← 832. Vai nele

O carpete é um revestimento que permite manutenção fácil e de baixo custo, desde que feita com regularidade.

← 833. Durável

No closet também vale insvetir no revestimento, que aquece o ambiente e traz mais conforto para as horas de troca de roupa. Para completar, dura mais tempo no ambiente.

↑ 834. Tapetinho

Nas portas de entrada, deixe capachos para que o carpete não fique sujo tão rápido. É prático e economiza lavanges.

↑ 835. Tom suave

Fica mais fácil decorar o ambiente com carpete de tom neutro. Dá até para aproveitar antigos objetos do seu quarto.

← 836. Parece mas não é

Se o assunto for piso, o mercado está repleto de novas opções que substituem com beleza baixo custo os materiais tradicionais. O piso laminado ou de cortiça, por exemplo, imitam muito bem a madeira.

← 837. Recile

Pense duas vezes antes de jogar as coisas no lixo. Renovar materiais como caixas, baldes, latas, garrafas e latões pode dar um toque especial para a ambientação e quase sem nenhum custo. Use a criatividade e transforme-os!

← 838. Despojado

Tijolos aparentes, fios à mostra ... tudo pode ser elementos da decoração. Não perca tempo, nem dinheiro, tentando escondê-los e tente integrá-los.

← 839. À base de PVC

Se o orçamento for curto, outra dica é deixar o porcelanato e o piso de madeira de lado e investir em pisos vinílicos.

← 840. Sobre o carpete...

Não sáo só pallets de madeira podem virarm base para a mesa de centro. Peças de máquinas e até portas antigas são boas ideias.

Projeto: Duda Senna Foto:Divulgação

← 841. Suas lembranças

É possível renovar as aparências sem forma. Objetos pessoais , como um telefone antigo, podem recriar ambientes.

Projeto: Marcia Brunello Foto:Divulgação

← 842. Monte seu acervo

Pouco mas de grande efeito. Busque itens esquecidos na sala, na cozinha e na varanda.

Projeto: Mayra Lopes Foto:Divulgação

↑ 843. Fica show

Enquadrar itens de estimação, como toalhas ou bases de panelas, podem ganhar ar sofisticado.

↑ 844. Poucos e necessários

Roupa de cama alegre, quadros customizados, cortina básica e TV. Pronto, seu quarto está pronto.

↑ 845. A clássica

As cortinas de voil agregam leveza ao ambiente e têm baixo custo de manutenção.

↑ 846. Fita isolante

Caso não queira investir em molduras, pôsters impressos e páginas de revistas podem ser grudados diretamente na parede. Fica divertido e bem moderno.

Projeto: Mandril Arquitetura Foto: Divulgação

↑ 847. luminar

Se a vontade é de ter uma iluminação especial, orce alguns profissionais e escolha um ponto específico.

U848. Desapegue

Olhe tudo ao redor e veja o que realmente precisa. Assim, muitas vezes surgem decorações minimalistas e práticas.

Projeto: Duda Senna Foto: Divulgação

↑ 854. Leitura

Preencher prateleiras não requer tantos itens. Livros sempre compõem com charme.

↑ 855. Estilosa

Faça uma poltrona com retalhes.

↑ 856. Espaço de sobra

Poucos móveis, mas extensos, podem armazenar muitas peças.

↑ 849. Aumenta

Invista em espelhos para ampliar o espaço sem muito esforço.

↑ 850. Você fez

Pegar uma escada antiga e pintá-la dá vida a um acessório descolado.

Projeto: Fina Estampa Foto: Divulgação

↑ 857. De passagem

Em imóveis alugados, evite móveis ou decoração permanentes - como cabeceiras fixadas na parede.

↑ 858. Economia

Camas com cabeceiras inclusas são práticas e mais baratas.

↑ 859. Saiba negociar

Sempre é possível obter descontos nas etapas da reforma e decoraçao, especialmente em marcenaria e armários planejados. Não custa tentar!

↑ 860. Ajuda profissional

Para negociar, ter um arquiteto ou designer de interiores ao seu lado pode ajudar, já que o profissional tem conhecimento sobre os preços e os requisitos técnicos para comparação dos produtos.

Projeto: Mauricio Karam Foto: Divulgação

↑ 851. Vovô

Guarde aquele seu móvel antigo.

↑ 852. Reduz

Gaste menos com enxoval.

↑ 853. Menos

Decore com poucos itens.

Projeto: Mandril Arquitetura Foto: Divulgação

861. Para driblar o cenário econômico, o varejo se esforça para fechar vendas. Se você está pensando em reforma, aproveite o contexto e negocie melhores condições.

862. Dependendo do porte da obra, algumas empreiteiras dividem o preço total em até seis vezes e ficam com todo o serviço.

863. Pesquise e peça indicações de mão-de-obra boa e confiável.

864. Mas fique de olho para não pechinchar demais - o barato pode sair caro.

865. Orçar com folga é indicado, já que toda obra acaba precisando de mais material do que foi calculado.

866. Caso não consiga reformar e decorar de uma vez, divida em etapas, para serem cumpridas assim que o orçamento for recomposto.

867. Para reformas, compras antecipadas permitem maior poder de negociação com fornecedores e rendem bons descontos.

868. Após a pesquisa e compra dos materiais, pague sempre à vista. Desta maneira você pode pedir um bom desconto, por vezes além dos 5 ou10% oferecidos pela loja.

869. Se encontrar materiais em promoção, não hesite! Faça estoque para aproveitar o preço.

870. Além do custo de reforma, pense no que vai gastar depois, quando para decorar. Alguns materiais sustentáveis podem custar um pouco mais caro, mas farão você economizar dinheiro nas contas de energia e água.

871. Não tenha vergonha de questionar algo que não entenda. O projeto de gesso, por exemplo, pode ter muitas sancas, mas se simplificado, a economia pode ser significativa.

872. Atenção na escolha dos acabamentos. Conheça, pesquise, visite lojas e pergunte para os profissionais o que usar.

873. Você pode procurar por materiais usados para usar em seu quarto ou closet. Lojas de reciclagem de vidros e espelhos são bons achados.

874. Se a reforma for acontecer, é crucial seguir um cronograma que indique prazos e organize da melhor maneira a quantidade de material e gasto para cada etapa.

875. Opte por ir comprando o material de acordo com a conclusão de cada fase da reforma. Tudo para evitar o risco de acúmulo de material desnecessário.

876. Atenção para o espaço em que os materiais ficam armazenados. Precisa ser um ambiente ventilado e protegido de umidade, para que nenhuma peça estrague e ocorram novos gastos com reposição.

877. É fundamental que o dono da casa acompanhe de perto o andamento da obra, para que não aconteçam imprevistos desagradáveis.

878. Para investir em tecnologia dentro do seu ambiente, pesquise sobre cada item que deseja, dados como sua durabilidade, manutenção e garantia são importantes.

879. Perceba suas prioridades no universo tecnológico. Lembre-se que a todo momento novidades chegam .

880. Detalhes como maçanetas, puxadores e dobradiças são mais baratos e podem entrar na sua lista de primeira.

881. Outro ponto importante é entender as partes hidráulica, elétrica e estrutural para evitar surpresas ruins.

882. Equilibre suas finanças e evite gastar muito num item só.

8883. Abuse das referências! Revistas, blogs e sites podem te ajudar a entender exatamente o que deseja e, assim, não gastar a toa.

884. Caixas de papelão, principalmente em versões coloridas, decoram com charme e armazenam muitos acessórios.

885. Seus hobbies podem preencher espaços ainda sem decoração: espalhe máquinas fotográficas, discos ou livros.

886. Se o projeto luminotécnico pesou , opte por bom lustre central.

Finalize com charme

Sempre cabem mais boas ideias para terminar a decoração com funcionalidade e estilo.

Projeto: KTA Arquitetura Foto: Divulgação

887. O ar-condicionado fica muito caro? Muitos ventiladores em versões supermodernas já estão no mercado.

888. Ao viajar, compre itens que tenham história e sentimento para você. Serão muitos para entrar na decoração. .

889. Os móveis arredondados são maneiras lúdicas de sair do senso comum no mobiliário.

890. Tudo vale para decorar. Carrinhos criaram um efeito superdivertido.

891. Manter a ideia de um rodameio ainda é muito eficaz para enaltecer a decoração.

892. As Tonalidades claras podem se sobrepor com delicadeza.

893. Móveis embutidos são ideias práticas e arrojadas.

894. Drible a falta de espaço! Num mesmo ambiente, componha quarto e closet.

895. Painéis de fotos ou recados personalizam ambientes.

896. Para organizar sua bancada de maquiagem, invista em organizadores de acrílico. Fáceis de limpar, eles deixam tudo à vista.

897. Camufle itens tecnológicos que não ficam bem quando aparentes em quartos.

898. Lustres que imitam cristal, de várias cores, atuam como ponto auge de um décor.

899. Espalhe caixas e maletas pelo chão do closet, com acessórios e sapatos guardados. Muito estilo!

900. Cabeceiras de capitonê podem ser clássicas, mas quando ganham cor fazem bonito em quartos modernos.

901. Móveis de pé-palito semre agregam charme.

902. Itens metálicos modernizam o ambiente.

903. Fotos deixam ambientações mais vivas.

904. Banheiros integrados aos quartos são inusitados e chiques.

Projeto: GF Projetos Foto: Julia Ribeiro (Divulgação)

← 905. Na gaveta

Puxadores embutidos são modernos e evitam acidentes

← 906. Clareou

Uma decoração 100% branca é bastante elegante.

← 907. Duo

Madeira e branco: bela combinação.

← 908. Menos

Parede clean e linda.

Projeto: KTA Arquitetura Foto: Divulgação

↑ 909. Um arraso

Listras pela parede e o tom de cinza formaram uma dupla de efeito conceitual.

Projeto: Diego Revollo Foto: Divulgação

910. Peles sintéticas são sinônimo de glamour.

911. Se puder adquirir uma peça de design, faça!

912. Projete as cores do seu ambiente e mantenha um padrão.

913. Não se esqueça que a cama é o item mais importante. Invista nela!

914. Não finalize um quarto sem um belo espelho presente.

915. Crie espaços diversos no seu quarto, como home-office, cantinho da leitura, minibibliotecas.

916. Procure montar um closet que tenha divisórias nas gavetas, facilita muito.

917. Não deixe de investir em um bom tapete, eles podem ter estampas e materiais pra lá de inusitados.

918. Gosta muito de cadeiras de design mas acha caro? Crie uma coleção de miniatura delas e decore seu ambiente!

919. Livros de capa dura são ótimos apoios para vasos, lupas e outros itens decorativos.

920. Sempre que enjoar da decoração, teste trocar seu enxoval.

921. Em closets pequenos, opte por portas de correr e espelhadas. Para pontuar, coloqueum pufe centralizado.

922. Misture almofadas clássicas com modernas.

923. Um único móvel colorido é alegria garantida para o quarto.

924. Entenda seu ambiente antes de escolher a cortina ideal.

925. Móveis escuros podem, sim. Acompanhe-os com decoração clean e mais clara.

926. Tecido na parede é tão bonito quanto o papel!

927. Use puxadores diferentes no mesmo móvel.

928. Coloque panelas, fôrmas e assadeiras quentes sobre os

928. Bancadas em L são ideias para espaços reduzidos.

929. Pósters fashionistas ficam perfeitos em closets.

930. Taças viram porta-algodões ou pincéis na sua bancada de maquiagem.

931. Pratos podem armazenar bases, blushs e pós.

932. Um espelho veneziano sempre cai bem para uma penteadeira.

933. Pinte, sempre que enjoar, sua cômoda do quarto.

934. Cabeideiros e mancebos ajudam a organizar o espaço.

935. Crie compartimentos nas gavetas de sua bancada e guarde itens de escritório.

936. Gosta de discos? Vitrolas estilizadas e coloridas estão em alta e podem compor a decoração.

937. Dispor quadros no chão, encostados na parede, criam um cenário descontraído.

938. Compre caixas longas e finas para guardar botas de cano longo, sem comprometer espaço do armário.

939. Organize cabides de mesmo padrão e deixe o interior do armário também bem decorado.

940. Um varal de polaroids no seu quarto cria ar moderno.

941. Luminárias com a inicial do seu nome personalizam com muito charme.

942. Botons e imãs podem compor um painel. Perfeito para o quarto de um adolescente.

943. Para os mais românticos, flores naturais podem ser diariamente trocadas nos vasos.

944. Caso tenha uma varanda no quarto, invista em flores e plantas sempre bem cuidadas.

945. Combine seu piso com a decoração, fica muto autêntico.

947. Como numa decoração de estilo escandinavo, sacos de papelão ficam no chão e podem guardar roupas de cama.

948. Crie um espaço reservado no closet, só para os perfumes. Mantenha-os longe de raios solares.

949. Cadeiras e móveis de acrílico deixam o ambiente mais leve e contemporâneo.

950. Divida suas roupas, no closet, por estilo e cor.

951. O ideal é que prateleiras de sapatos sejam arrejadas e retráteis.

952. Não estrague seu quarto! Para limpar, saiba exatamente qual produto usar e com que frequência.

953. Crie um painel atrás da TV e esconda fios e cabos.

954. Luminárias de leitura são lindas quando acopladas na cabeceira.

955. Luminárias também podem sair do teto.

Projeto: Vivian Coser Foto: Divulgação

956. Acessórios multimedia deixam o quarto mais prático.

957. Com uma estante vazada é possível criar dois ambientes no mesmo quarto.

958. Uma confortável poltrona garante leitura agradável.

959. Deixe um espaço para chás e canecas no seu quarto. Tão acolhedor!

960. Ganchos na parede são ótimos para pendurar bolsas e chapéus em uso.

961. Em quartos de casal, vale ousar e colocar um tapete diferente de cada lado da cama.

962. Abajures antigos trazem luz amena e clima retrô.

963. Maletas da vovó podem ganhar as vezes de criado-mudo, se empilhadas.

964. Crie varais de luminárias pisca-pisca e com, pregadores, prenda algumas fotos.

965. O revestimento capitonê pode apareder também na parede, basta revesti-la!

966. Cabos de aço seguram a TV no centro do quarto e a deixam girar, para outros cantinhos do espaço.

967 Closets escondidos dentro de porta de armários são funcionais e criativos.

968. Crie suportes exclusivos para secadores e chapinhas, na sua penteadeira.

969. A famosa luz de camarim continua um belo achado para espelhos de penteadeiras.

970 Não deixe de brincar com o tempo: móvel antiga, luminária moderna: fica lindo.

971. Móveis para bijuterias com base de vidro garantem mais organização.

972. Coloque lençoes bem enroladinhos dentro de gavetas ou caixas.

973. Para guardar gravatas, vale criar um espaço sob medida no closet.

974. Meias podem ser guardadas e amplas caixas.

975. Tapetes felpudos e redondos ficam ótimos em closets.

976. A parede da penteadeira merece uma estampa nobre.

977. Nichos e quadros se misturam com charme em paredes.

978. Prateleiras de ponta a ponta ajudam na organização.

979. Bandejinhas de prata recebem batons. Sofisticado!

980. Coleçoes de revista podem ser destaque no décor.

981. Adesive a parede com frases de efeito.

982. Use bastidores de tricô para criar molduras de quadros.

983. Toalhinhas antigas, de renda, podem ser emolduradas.

984. Carregadores embutidos no criado-mudo. Demais!

985. Araras com roupas expostas criam um closet moderninho.

986. Cortinas blackout garantem, sim, boas noites de sono.

987. Cabides podem ser repaginados, com tinta e glítter.

988. Depois, aparecem pendurados e dando vida ao closet.

989. Bandejas de pé podem ser barzinhos no quarto...

990. ... ou porta-perfume no closet. Você escolhe!

991. Óculos de sol com gaveta própria. Monte a sua!

992. Ganchos no closet podem segurar colares mais longos.

993. Reserve gavetas do seu armário somente para lingeries.

994. Toalhas e roupões também podem ter seu espaço no closet.

995. Tigelas são ótimas para armezenar pulseiras em sua penteadeira.

996. Esmaltes também podem ganhar uma prateleira do closet.

997. Quarto estilo loft? Integre a decoração!

998. Não economize na iluminação de sua penteadeira.

999. A manutenção do seu colchão tem prazo. Fique esperto.

1000. Se tiver espaço, manter um frigobar no quarto é prático.

1001. Misture, descombine e ouse no seu ambiente!

Projeto: Diego Revollo Foto: Divulgação

A

Adriana Fontana
(11) 2306-6051
www.adrianafontana.com.br
Aessandra Braggion
(11) 3168-9319
www.alessandrabraggion.com.br
Ana Paula Faria
www.anapaulafaria.com.br
(11) 2366-7106
Ana Yoshida
(11) 3477 7326
www.anayoshida.com.br
Anete Weber – Weber&Marques Design
(11) 3666-4923
wmarquitetura.com
Anna Maria Parisi
www.annaparisi.com.br
(11) 2638 0782
Arquitetura 8
(11) 4427-5776
www.arquitetura8.com.br

B

Barbara e Purchio
www.cristinabarbara.com.br
Beatriz Quinelato
www.beatrizquinelato.com.br
Bel Urtiga
www.belurtiga.com.br
Biarari e Rodrigues
(11) 4221-1368
www.biararierodrigues.com.br
Breno Santiago
(11) 4153-1747
www.brenosantiago.com.br
Bruna Oliveira Arquitetura de Interiores
(71) 3565-4437
www.brunaoliveiradesign.com

C

Camila Klein
(11) 3884-4503
www.camilaklein.com.br
Camila Valentini
(11) 3663-5468
www.camilavalentini.com.br
Caroline Andrusko e Eliza Schuchovski
www.perffectta.com.br
Cerâmica Portinari
(11) 3087-7213
www.ceramicaportinari.com.br
Christiane Sacco
(11) 3062-6991
www.csda.com.br
Colormix
(11) 3763-2410
www.colormix.com.br
Tel.: (19) 3253-4580

D

D2F Engenharia
(11) 3031-3253
www.d2fengenharia.com.br
Diego Revollo
(11) 3722-4605
www.diegorevollo.com.br

E

Empório Beraldin
(11) 3085-1728
www.emporioberaldin.com.br
Espaço 204
(11) 5102-3468
www.espaco204.com.br
Estúdio Mosaico
www.estudiomosaico.com.br

F

Figoli Ravecca
(11) 3045-3226
www.figoli-ravecca.com.br
Figueiredo Fischer Arquitetos
(11) 3129 5613
www.figueiredofischer.com.br

G

Gerson Dutra de Sá e Ana Lucia Salama
www.gersondutradesa.com.br
www.analuciasalama.com.br
GF Projetos
(11) 4301 3503
www.gfprojetos.com.br

I

IBD Arquitetura e Interiores
(11) 3437-2463
www.ibdarquitetura.com.br
Igor Miyahara
(11) 3675-2989
www.studioim.com.br
InHouse Designers Interiores
(11) 3721-1157
www.inhousedesigners.com.br
Isabela Canaan
(31) 3286.2617
www.isabelacanaan.com.br

J

Joia Bergamo
(11) 3045-5812
www.joiabergamo.com.br

K

KTA Arquitetura
(11) 3045-2443
www.kta.com.br

L

Lana Rocha
(21) 3628-2205
www.lanarocha.com.br
Laura Santos
(31) 2534-1114
www.laurasantos.com.br
Leo Shehtan
(11) 3022-6822
www.leoshehtman.com.br
Liliana Zenaro
(11) 5535-8051
www.lilianazenaro.com.br
Luhome
(11) 3467-5206
www.luhome.com.br

M

Marcelo John
(51) 3463-6077
www.marcelojohn.com.br
Marcia Brunello
www.marciabrunello.com.br
Maria Pia Casa
(11) 5506-0026
www.mariapiacas.com.br
Mariane Trevelin
(11) 27376535
www.marianetrevelin.com.br
Marilia Caetano
(11) 3062-4784
www.mariliacaetano.com.br
Melina Mundim e Márcia Mundim
(31) 3297-8190
www.mmmundim.com.br
Melina Romano
(11) 2737-5337
www.melinaromano.com.br
Meyer e Cortez
(11) 5093-1538
www.meyercotrez.com.br
Mosarte
www.mosarte.com.br

N

Noura Van Dijk
Tel.: (11) 3045-7575
www.interiordesign.com.br

P

Patricia Martinez
(11) 3078-3815
www.patriciamartinez/com.br
Paula Magnani
www.paulamagnani.com.br
Prado Zogbi Tobar
(11) 3815-3843
www.pradozogbitobar.com.br
Punto e Filo
(11) 3061-1412
www.puntoefilo.com.br

R

Raduan Arquitetura
(11) 5041-1878
www.raduanarquitetura.com.br
Rose Chaves
www.rosechaves.com.br
Rose Diani
(11) 99976-5154
www.rosediani.com.br

S

Samara Barbosa
(41) 3016 5404
www.samarabarbosa.com.br
Samy e Ricky Dayan
(11) 3664.7046
www.samyericky.com.br
Sandra Picciotto
www.sandrapicciotto.com.br
Sesso & Dalanezi
(11) 3542-3380
www.sessoedalanezi.com.br
Sierra Móveis
(11) 5102-3222

CIP-BRASIL. CATALOGAÇÃO NA PUBLICAÇÃO
SINDICATO NACIONAL DOS EDITORES DE LIVROS, RJ

G971

Guia 1001 dicas quartos e closets --.1. ed. - São Paulo : On Line, 2016.
il.

ISBN 978-85-432-1398-9

1. Decoração de interiores. 2. Quartos infantis. I. Título.
16-31614 CDD: 747
CDU: 747

28/03/2016 28/03/2016

On line EDITORA

PRESIDENTE: Paulo Roberto Houch • **VICE-PRESIDENTE EDITORIAL:** Andrea Calmon (redacao@editoraonline.com.br) • **JORNALISTA RESPONSÁVEL:** Andrea Calmon (MTB 47714) • **COLABORARAM NESTA EDIÇÃO:** Fernanda Diniz, Giulia Esposito e Raíssa Germano (texto), Ana Luiz Silva (diagramação e tratamento) e Michelle Neris (revisão) • **GERENTE COMERCIAL:** Elaine Houch (elainehouch@editoraonline.com.br) • **SUPERVISOR DE MARKETING:** Vinicius Fernandes • **ASSISTENTE DE MARKETING:** José Antonio • **CANAIS ALTERNATIVOS:** Luiz Carlos Sarra • **DEP. VENDAS:** (11) 3687-0099 (vendaatacado@editoraonline.com.br) • **VENDAS A REVENDEDORES:** (11) 3687-0099/ 7727-8678 (luizcarlos@editoraonline.com.br) • **DIRETORA ADMINISTRATIVA:** Jacy Regina Dalle Lucca • Impresso por **NOME DA GRÁFICA** • Distribuição no Brasil por DINAP • **NOME DA REVISTA** é uma publicação do IBC Instituto Brasileiro de Cultura Ltda. – Caixa Postal 61085 – CEP 05001-970 – São Paulo – SP – Tel.: (0**11) 3393-7777 • Números atrasados com o IBC ou por intermédio do seu jornaleiro ao preço da última edição acrescido das despesas de envio. Para adquirir com o IBC: www.revistaonline.com.br; Tel.: (0**11) 3512-9477; ou Caixa Postal 61085 – CEP 05001-970 – São Paulo – SP.